RÁDIO
a arte de falar e ouvir
Laboratório

CB023380

SERVIÇO À PASTORAL DA COMUNICAÇÃO
COLEÇÃO PASTORAL DA COMUNICAÇÃO: TEORIA E PRÁTICA

A. *Série Manuais* (aplica na prática os conteúdos laboratoriais realizados no SEPAC)
   1. Rádio – a arte de falar e ouvir (Laboratório)
   2. Jornal impresso – da forma ao discurso (Laboratório)
   3. Publicidade – a criatividade na teoria e na prática (Laboratório)
   4. Teatro em comunidade Rádio – a arte de falar e ouvir (Laboratório)
   5. Internet: a porta de entrada para a comunidade do conhecimento (Laboratório)
   6. Oratória: técnicas para falar em público
   7. Espiritualidade: consciência do corpo na comunicação
   8. Vídeo: da emoção à razão (Laboratório)
   9. Mídias digitais: produção de conteúdo para a web (Laboratório)

B. *Série Dinamizando a Comunicação* – reaviva a Pastoral da Comunicação para formar agentes comunicadores
   1. Dia Mundial das Comunicações Sociais – Maria Alba Vega
   2. Comunicação e liturgia na comunidade e na mídia – Helena Corazza
   3. Comunicação e família – Ivonete Kürten
   4. Pastoral da Comunicação: diálogo entre fé e cultura – Joana T. Puntel e Helena Corazza
   5. Homilia: a comunicação da Palavra – Enio José Rigo
   6. Geração Net: relacionamento, espiritualidade, vida profissional – Gildásio Mendes dos Santos

C. *Série Comunicação e Cultura* – suporte cultural para o aprofundamento de temas comunicacionais
   1. Cultura midiática e Igreja: uma nova ambiência – Joana T. Puntel
   2. Comunicação eclesial: utopia e realidade – José Marques de Melo
   3. INFOtenimento: informação + entretenimento no jornalismo – Fábia Angélica Dejavite
   4. Recepção mediática e espaço público: novos olhares – Mauro Wilton de Sousa (org.)
   5. Manipulação da linguagem e linguagem da manipulação: estudando o tema a partir do filme A fuga das galinhas – Claudinei Jair Lopes
   6. Cibercultura sob o olhar dos Estudos Culturais – Rovilson Robbi Britto
   7. Fé e cultura; desafio de um diálogo em comunicação – Celito Moro
   8. Jovens na cena metropolitana: percepções, narrativas e modos de comunicação – Silvia H. S. Borelli, Rose de Melo Rocha, Rida de Cássia Alves de Oliveira (orgs.)
   9. Comunicação: diálogo dos saberes na cultura midiática – Joana T. Puntel

SEPAC – Serviço à Pastoral da Comunicação

RÁDIO
a arte de falar e ouvir
Laboratório

4ª edição – 2012
Revista e ampliada

Dados Internacionais de Catalogação na Publicação (CIP)
(Câmara Brasileira do Livro, SP, Brasil)

Rádio : a arte de falar e ouvir : (laboratório) / SEPAC - Serviço à Pastoral da Comunicação.
– 4. ed. – São Paulo : Paulinas, 2012. – (Pastoral da Comunicação : Teoria e prática. Série manuais)

ISBN 978-85-356-3063-3

1. Comunicação 2. Radialistas 3. Rádio - História 4. Rádio - Brasil - História 5. Rádio - Técnica I. SEPAC - Serviço à Pastoral da Comunicação. II. Série.

12-01705 CDD-384.54

Índice para catálogo sistemático:
1. Rádio como veículo de comunicação 384.54

Organização: *Equipe do SEPAC*

Elaboração do texto: *Rosane S. Borges, Anderson Zotesso, Helena Corazza e Maria Luiza Rinaldi*

Direção-geral: *Bernadete Boff*

Editora responsável: *Luzia M. de Oliveira Sena*

Copidesque: *Ana Cecilia Mari*

Coordenação de revisão: *Marina Mendonça*

Revisão: *Sandra Sinzato*

Gerente de produção: *Felicio Calegaro Neto*

Assistente de arte: *Ana Karina Rodrigues Caetano*

Projeto gráfico e produção de arte: *Cristina Nogueira da Silva*

Nenhuma parte desta obra poderá ser reproduzida ou transmitida por qualquer forma e/ou quaisquer meios (eletrônico ou mecânico, incluindo fotocópia e gravação) ou arquivada em qualquer sistema ou banco de dados sem permissão escrita da Editora. Direitos reservados.

Paulinas
Rua Dona Inácia Uchoa, 62
04110-020 – São Paulo – SP (Brasil)
Tel.: (11) 2125-3500
http://www.paulinas.org.br – editora@paulinas.com.br
Telemarketing e SAC: 0800-7010081

SEPAC – Serviço à Pastoral da Comunicação
Rua Dona Inácia Uchoa, 62
04110-020 – São Paulo – SP (Brasil)
Tel.: (11) 2125-3500
http://www.sepac.org.br – sepac@paulinas.com.br

© Pia Sociedade Filhas de São Paulo – São Paulo, 2003

Sumário

INTRODUÇÃO 7

1. O RÁDIO, INVENÇÃO TECNOLÓGICA 9
   Rádio no Brasil: as ondas da unidade nacional 10
   Fase de implantação 10
   O rádio e a propagação de suas ondas 11
   Fase de ouro do rádio brasileiro 16
   Novas trilhas: o rádio continua seu caminho 16
   Redes de rádio e segmentação 19
   Categorização de rádios: comerciais, educativas,
   comunitárias e piratas 20
   As rádios educativas 22

2. CARACTERÍSTICAS DO RÁDIO 23
   Sensorialidade: o rádio forma imagens 23
   Abrangência: o rádio fala para milhões 24
   Regionalismo 24
   Intimidade: o rádio fala para cada indivíduo 25
   Interação 25
   Imediatismo e instantaneidade 26
   A simplicidade do rádio 26
   Mobilidade e portabilidade 27
   O rádio é acessível 27
   O rádio é barato 27
   Função social 28
   Função comunitária 29
   WebRádio: linguagem, meio e o profissional 29

3. A LINGUAGEM DO RÁDIO 31
   O texto: a escrita e a fala 32
   Algumas pistas para a locução 34

    Emissão da voz 35
    Ritmo 35
    Como falar ao microfone no rádio 36

4. GÊNEROS RADIOFÔNICOS 37
    Gênero jornalístico/informativo 38
    A informação no rádio 39
    Informação e notícia: conceitos 40
    A mensagem informativa 42
    Gênero ficcional 42
    Gênero musical 47

5. PRODUÇÃO – FORMATOS 49
    Pauta 50
    A entrevista 54
    Orientações para a realização de uma boa entrevista 55

6. DIFERENTES FORMATOS NO RADIOJORNALISMO 57
    Radiojornal 57
    Mesa-redonda 60
    Debate 61
    Radiorrevista – Variedades 62
    Programa esportivo 63

7. PRODUÇÃO – REDAÇÃO DO TEXTO RADIOFÔNICO 65
    Estrutura gramatical e linguística 65
    Pontuação 67
    Edição de matérias 68
    A produção na *webRádio* 68
    Produção de um programa de rádio 69

8. VOCABULÁRIO DE RÁDIO 73

REFERÊNCIAS BIBLIOGRÁFICAS 77

Introdução

Ouvir música, escutar o noticiário, inteirar-se da situação da cidade, sintonizar naquele apresentador, aprender aquela receita... Tudo isso pode ser experimentado com o rádio. Grande ou pequeno, com ou sem recursos tecnológicos avançados, essa engenhoca auditiva conquistou o público no mundo inteiro, sem grandes esforços. Basta uma boa música, uma notícia quente, uma voz cativante... para o ouvinte se tornar fiel adepto do rádio. E você, qual a sua relação com o rádio?

Ao que tudo indica, além de ouvinte você exerce vínculos mediadores com o rádio: seja profissional ou amador; o rádio faz parte de sua prática diária.

Pensando nisso, este manual traz formação e informação sobre como fazer do rádio uma mediação de processos comunicativos. Uma comunicação eficaz que conquiste o coração do ouvinte para os diversos fins: educação e cultura, cidadania, evangelização, melhora da comunicação pessoal e comunitária, ou, ainda, para aperfeiçoar seus conhecimentos voltados para a rádio comercial.

Aqui você encontra a história do rádio, suas características como veículo de comunicação, orientações de produção e apresentação dos diversos gêneros radiofônicos, para facilitar o uso educativo e profissional de um dos meios eletrônicos mais populares e atuais que a humanidade já teve acesso. Hoje, sua acessibilidade e portabilidade aumentam pela sintonia nas mídias digitais.

Esperamos que o sabor dessa leitura se assemelhe ao prazer de ouvir aquela "música" que lhe toca ao reativar em sua memória lembranças boas e agradáveis.

A nossa proposta de pensar e fazer *Rádio: a arte de falar e ouvir* fornece elementos para melhorar a sua performance neste meio, conquistar a audiência e exercer a comunicação de forma atuante e comprometida.

Sintonize no nosso Laboratório e opere uma comunicação sem ruídos. Boa escuta e boas falas, boa leitura e produção!

1. O rádio, invenção tecnológica

O rádio nasceu num momento profícuo para surgimento e desenvolvimento dos meios tecnológicos. A descoberta da telegrafia sem fio tornou possível novas formas de comunicação sonora a distância, entre elas, o telefone e o rádio.

Os registros oficiais dão a Guglielmo Marconi o mérito desse invento. O que a história oficial não registra é que o primeiro inventor do rádio foi o padre Landell de Moura, nascido em Porto Alegre (RS), em 21 de janeiro de 1861. Landell de Moura conseguiu patente norte-americana do telégrafo e do telefone sem fio e, em 1883, realizou transmissões com o telefone sem fio, vislumbrando, já naquele tempo, uma comunicação interplanetária. Suas descobertas estavam mais avançadas que as de Marconi, cujos inventos datam de 1896, pois teve o apoio do governo da Inglaterra para realizar suas experiências (Corazza, 2000).

O rádio inaugura uma nova era, passando a contribuir com os ideais de universalização e identidade de vários povos e nações. Enquanto nos países europeus foi a imprensa escrita que se configurou como forte elemento de identidade nacional; nos países pobres o rádio e, posteriormente, a televisão exerceram esse papel. Com o grande número de meios audiovisuais existentes e que parecem gozar de certo privilégio, o rádio ainda está presente. Nos lares, carros, botecos, salões de beleza, academias de ginástica lá está ele, sempre em moda, fazendo companhia para os seus ouvintes. Com a portabilidade, começando pelo celular, a companhia do rádio é ainda mais forte na sintonia com as mídias sociais. O que nos leva a afirmar que seu papel é insubstituível ante as inovações tecnológicas no mundo da comunicação.

Rádio no Brasil: as ondas da unidade nacional

A primeira transmissão radiofônica no Brasil aconteceu durante a festa do Centenário da Independência, em 7 de setembro de 1922, na cidade do Rio de Janeiro. Dezenas de pessoas que prestigiavam a solenidade ouviram o discurso do presidente Epitácio Pessoa e os acordes da peça *O Guarani*, de Carlos Gomes, executada no Teatro Municipal da então capital federal. Roquette Pinto, o pioneiro na radiodifusão brasileira, estava presente. De acordo com os relatos dele na época, poucas pessoas se interessaram pelas demonstrações experimentais da radiotelefonia, termo empregado à radiodifusão na época de sua implantação.

A demonstração pública causou impacto, mas as transmissões foram logo encerradas por falta de um projeto que lhes dessem continuidade. Há quem conteste essa data como marca inaugural do rádio brasileiro, pois alguns documentos provam que o rádio, no Brasil, iniciou em Recife, no dia 6 de abril de 1919, quando, com um transmissor importado da França, foi inaugurada a Rádio Clube de Pernambuco por Oscar Moreira Pinto, que depois se associou a Augusto Pereira e João Cardoso Ayres.

Fase de implantação

A implantação do rádio no Brasil se consolida, efetivamente, com a instalação da radiodifusão. É a fase que impulsiona a criação da Rádio Sociedade do Rio de Janeiro em 1923, fundada por Edgard Roquette Pinto e Henrique Morize, impondo à emissora um cunho nitidamente educativo.

No entanto, as condições reais de existência da população brasileira, inicialmente, fizeram do rádio um "meio de elite", pois, para obter um aparelho, as pessoas tinham de ter certo poder aquisitivo: os receptores eram importados e custavam muito caro na época. Além disso, a programação que predominava nas rádios, naquele momento inicial, estava desvirtuada dos objetivos a que os seus fundadores se propunham: levar a cada canto um empreendimento de intelectuais e cientistas com finalidades basicamente culturais, educativas e altruísticas. Outro dado importante é que a programação era pensada para esse público até então seleto: o rádio tocava óperas, apresentava palestras culturais dirigidas às elites e sobrevivia de músicas emprestadas de colecionadores. Por isso, durante a década de 1920, as classes populares, a dita cultura popular, foram impedidas de participar da programação radiofônica, o que caracterizava o rádio como um veículo individualista, familiar ou particular, muito pouco extensivo. Essa programação "seleta" motivou Roquette Pinto a pensar na radiodifusão como o meio pelo qual o rádio iria se popularizar, tornando-se, em definitivo, um veículo de comunicação de massa.

O rádio e a propagação de suas ondas

Apesar de o rádio ter assumido inicialmente uma postura elitista na década de 1920, não esperou muito para conquistar os seus ouvintes. Foi nessa época que ele começou a se propagar pelo território brasileiro. As primeiras emissoras tinham sempre, em sua denominação, os termos "clube" ou "sociedade", pois na verdade nasciam como clubes ou associações formadas pelos idealistas que acreditavam na potencialidade do novo meio. Ainda possuía uma característica marcadamente amadora, atingindo pequenas fatias da população.

Nessa fase, a sustentação do meio era possível porque os donos de aparelhos receptores pagavam mensalidades. As rádios apelavam, claramente, para que os ouvintes aderissem à emissora como sócios, ajudando a mantê-la. Havia ainda o recurso de eventuais doações de entidades privadas ou públicas. Os anúncios pagos, nessa época, eram proibidos pela legislação, o que coibia a inserção destes no espaço radiofônico.

Na década de 1930, o rádio começou a sofrer transformações substanciais que alterariam, a partir dali, a sua estrutura e dinâmica. Foi nessa fase, mais precisamente em 1931, que surgiu o primeiro documento sobre radiodifusão. O rádio brasileiro já estava comprometido com os reclames (os anúncios daquele tempo) para garantir sua sobrevivência.

A publicidade foi permitida por meio do Decreto n. 21.111, de 1º de março de 1932, que regulamentou o Decreto n. 20.047, de maio de 1931, primeiro diploma legal sobre a radiodifusão, surgido nove anos após a implantação do rádio no País. As primeiras emissoras a entrarem em operação, antes do Decreto n. 20.047, obtiveram suas licenças com base na regulamentação da radiotelegrafia, o Regulamento para Serviços de Radiotelegrafia e Radiotelefonia. Decreto n. 16.657, de 5 de novembro de 1924. O governo mostrou-se, a partir da década de 1930, seriamente preocupado com o novo meio, que definia como "serviço de interesse nacional e de finalidade educativa".

Passou, com isso, a regulamentar o seu funcionamento, imaginando maneiras de proporcionar-lhe bases econômicas mais sólidas. Isto se concretizou por meio do Decreto n. 21.111, que autorizava a veiculação de propaganda pelo rádio, porém limitava sua manifestação, inicialmente, a 10% da programação, posteriormente elevada para 20% e, atualmente, fixada em 25%. O decreto do presidente Getúlio

Vargas foi decisivo para novos horizontes e novos formatos do rádio brasileiro. As mensagens publicitárias e comerciais implicaram novas posturas e concepções dos produtores: o que era "erudito", "educativo", "cultural" transformou-se em "popular", voltado ao lazer e à diversão. O comércio e a indústria forçaram os programadores a mudar de linha: para atingir o público, os "reclames" não podiam interromper concertos, mas passaram a pontilhar entre execuções de música popular, horários humorísticos e outras atrações que foram surgindo e passaram a dominar a programação.

Com o advento da publicidade, as emissoras trataram de se organizar como empresas para disputar o mercado. A competição teve, originalmente, três facetas: desenvolvimento técnico, *status* da emissora e sua popularidade. A preocupação "educativa" foi sendo deixada de lado e, em seu lugar, começaram a se impor os interesses mercantis.

As transformações surgidas no País a partir da Revolução de 1930 – com o despontar de novas forças, como o comércio e a indústria, que precisavam colocar seus produtos no mercado interno –, aliadas a mudanças na própria estrutura administrativa federal e à forte centralização do poder executivo, engendrada por Getúlio Vargas, desenham o contexto que favorece a expansão da radiodifusão. O rádio mostra-se como um meio extremamente eficaz para incentivar a introdução de estímulos ao consumo. Com o rádio comercial incipiente, não tendo ainda uma estrutura burocrática organizada, os primeiros profissionais – chamados "programistas" – adquirem espaço nas estações, produzem programas e revendem intervalos para anunciantes. Fazem de tudo: contato, redação, produção e apresentação. À medida que o nível de improvisação diminui, as equipes vão se articulando.

E, ao mesmo tempo, o rádio passaria por um processo de reformulação estrutural, ampliando seus recursos, para poder atender às novas atribuições do processo de industrialização, urbanização, especialização e tecnologia. Iria integrar-se em outros níveis da realidade nacional e passaria a responder às necessidades coletivas, como meio recreativo e informativo, manipulador de opinião. Tais mudanças e reajustes foram definitivos para a caminhada do rádio até o final do século XX. Eles demarcaram o papel e a função do rádio na sociedade brasileira, estimulando em seus produtores posturas que garantissem a sobrevivência do meio na dinâmica da sociedade.

Com a publicidade, o rádio passou a cumprir melhor o seu papel. Ele não pôde mais viver apenas da improvisação. Precisou mudar. Estruturou-se como empresa, investiu em equipamentos e começou a contratar artistas e produtores. Os programas eram preparados com antecedência e a preocupação voltou-se para conseguir maior audiência.

A linguagem foi abdicando de expressões menos usuais e popularizou-se, falando como o povo fala. Em suma, o rádio deixou de ser uma atividade amadora e passou definitivamente ao profissionalismo. Iniciava-se a fase de programas variados nas emissoras, provocando concorrência acirrada.

O rádio segue, assim, com uma história marcante, estabelecendo-se no Brasil e no mundo como um meio de grande importância. Algumas características e atribuições deixam ver o lugar que o rádio ocupa na sociedade:

☞ *poder de convencimento:* Hitler dizia que temia mais uma rádio do que um exército de 100 mil soldados;

☞ *veiculação de propaganda política*: a Rádio Record de São Paulo foi pioneira nesse serviço e também a primeira líder de audiência. Introduziu a programação política, convidando políticos a fazerem "palestras instrutivas", como afirma Paulo Machado de Carvalho – proprietário da Rádio;

☞ *remuneração profissional:* deve-se, ainda, à Rádio Record a introdução do *cast*[1] profissional e exclusivo, com remuneração mensal. As emissoras contratavam a "peso de ouro" astros populares e orquestras filarmônicas. Isso fez com que emissoras pequenas pudessem, também, ter o seu pessoal fixo. A concorrência entre as emissoras é motivada a partir daí. A Record serviu de modelo para as rádios de todo o Brasil nessa questão;

☞ *programas governamentais:* a *Hora do Brasil* começou em 1935 como noticiário oficial do Governo.

Nesse sentido, a década de 1930 revelou-se importante para que o rádio se definisse em seus caminhos e encontrasse o seu rumo na fase seguinte, acompanhando e auxiliando o desenvolvimento nacional como um todo. O impacto do rádio sobre a sociedade brasileira, a partir de meados da década de 1930, foi muito mais profundo do que aquele que a televisão viria a produzir trinta anos mais tarde. O rádio comercial e a popularização do veículo implicaram a criação de um elo entre o indivíduo e a coletividade, tornando-se capaz não apenas de vender produtos e ditar "modas", como também de mobilizar massas, levando-as a uma participação ativa na vida nacional. Pelo rádio o indivíduo encontra a nação e sua dinâmica: não a nação ela própria, mas a imagem que dela se está formando.

Com essas iniciativas, o rádio brasileiro foi encontrando seu caminho, definindo sua linha de atuação e assumindo um papel cada vez mais importante na vida política e econômica do País. Este meio de comunicação, nas décadas seguintes, conseguiu considerável audiência e sucesso, de tal sorte que consolidou a sua fase de ouro.

---

[1] *Cast* faz referência ao elenco profissional.

Fase de ouro do rádio brasileiro

As fases iniciais do rádio foram determinantes para que ele atingisse o seu apogeu, firmando-se como o grande meio de comunicação da sociedade brasileira. Essa época é denominada fase de ouro do rádio brasileiro, consolidada na década de 1940. É o momento em que ele começa a se definir, mais claramente, para o jornalismo. O *Repórter Esso*, criado exatamente às 12h45 do dia 28 de agosto, na Rádio Nacional do Rio de Janeiro, foi produto dessa época.

O *Repórter Esso*, durante os vinte e sete anos que esteve no ar, anunciou em primeira mão as principais notícias do Brasil e do mundo. A voz grave e modulada de Heron Domingues, locutor exclusivo desse programa durante dezoito anos, tornou-se popular em todo o País. O *Repórter Esso* foi extinto no dia 31 de dezembro de 1968. Nesse período temos ainda o surgimento das radionovelas: a primeira delas foi *Em busca da felicidade*, de 1942, seguida de *O direito de nascer*. O estilo humorístico também marcou presença com *Balança, mas não cai*. Em 1942, a Rádio Tupi de São Paulo lançou o *Grande jornal falado Tupi*, em 1946, e *O Matutino Tupi*, ambos sob o comando do jornalista Corifeu de Azevedo Marques. Em 1947, a Rádio Panamericana (JOVEM PAN) transformou-se na Emissora de Esporte.

O clima era propício para que o Ibope – Instituto Brasileiro de Opinião Pública e Estatística – iniciasse suas atividades. Fundado em 13 de maio de 1942, as pesquisas iniciais deste instituto eram bastante simples. Com o passar dos anos, tornaram-se mais sofisticadas. Atualmente é um dos principais institutos de pesquisa de visibilidade no Brasil.

Novas trilhas: o rádio continua seu caminho

A época de ouro do rádio enfrentou uma grave crise com a emergência da televisão. Quando esta surge, vai buscar no rádio seus primeiros profissionais e imita seus quadros, subtraindo a publicidade no espaço radiofônico. Para enfrentar a concorrência com a televisão, o rádio precisava procurar uma nova linguagem, mais econômica e mais eficiente.

Com o novo meio que conquistava velozmente o público do rádio, este teve de buscar outros caminhos, pensar em formatos de programação inéditos, introduzindo atrações novas. Como o faturamento era menor, as emissoras passaram a investir menos, tanto em produção quanto em equipamento e pessoal técnico e artístico. O rádio aprendeu a trocar os astros e brincadeiras de auditório pelos serviços de utilidade pública. Foi se encaminhando no sentido de atender às necessidades regionais, principalmente no que se refere à informação.

O radiojornalismo ganha grande impulso. É na área da eletrônica, porém, que o rádio encontra seu mais forte aliado, que vai permitir que ele explore plenamente seu potencial: o transistor começa a revolucionar o mercado. O transistor foi apresentado ao mundo em 23 de dezembro de 1947, pelos cientistas norte-americanos John Bardeen, Walter Brattain e William Schockley, que receberam o Prêmio Nobel de Física, em 1956.

Das produções caras, com multidões e contratados, o rádio parte agora para uma comunicação ágil, noticiosa e de serviços. Aliado a outros avanços tecnológicos, o transistor deu ao rádio sua principal arma de faturamento: a mobilidade. Era possível ouvir rádio a qualquer hora e em qualquer lugar, sem precisar ligá-lo às tomadas. Essa invenção fez com que o rádio estivesse, em 1959, pronto para acelerar sua corrida para um radiojornalismo mais atuante, ao vivo, permitindo que reportagens fossem transmitidas diretamente da rua e entrevistas realizadas fora dos estúdios.

Outra medida tomada para que o rádio não perdesse ainda mais terreno para a televisão foi no sentido de investir nos serviços de utilidade pública produzidos pela Rádio Jornal do Brasil, do Rio de Janeiro. A novidade foi introduzida pelo jornalista Reinaldo Jardim, que teve como objetivo restabelecer o diálogo com os ouvintes. Inicialmente, o Serviço de Utilidade Pública surgiu nas rádios divulgando notas de "achados & perdidos". Posteriormente, os serviços ampliaram-se, chegando a criar setores exclusivos dentro das emissoras. Nessa mesma linha, a Rádio Panamericana, de São Paulo, instalou um serviço particular de meteorologia. Outras emissoras informavam as condições das estradas, ofertas de emprego, etc.

Na mesma época, a Rádio Tamoio, também do Rio de Janeiro, procurava outras alternativas, com modelos economicamente viáveis para as rádios: a saída foi a introdução do esquema de "exclusivamente música", planejado por José Mauro. Essas duas alternativas (informação e música) passam a caracterizar a programação radiofônica nos anos 1960.

Ainda na década de 1960, as primeiras emissoras em FM (frequência modulada) começaram a operar, fornecendo inicialmente "música ambiente" para assinantes interessados. Predominavam desde melodias suaves para hospitais e residências até música alegre e estimulante para indústrias e escritórios. As emissoras FMs foram as grandes responsáveis por uma ebulição no meio, que não era vivida desde o surgimento da televisão, no início da década de 1950.

A primeira emissora a explorar esse serviço foi a Rádio Imprensa, do Rio de Janeiro. Posteriormente, já na década de 1970, esse tipo de transmissão utilizaria canais abertos, surgindo um número bastante elevado de emissoras operando em FM, todas voltadas para a programação unicamente musical.

A primeira emissora a operar exclusivamente nas ondas da frequência modulada foi a Rádio Difusora de São Paulo – FM. Há quem diga, no entanto, que foi a Rádio Eldorado de São Paulo a responsável pelo feito, pois, quando foi fundada, em 1958, transmitia em ondas médias e, por questão de prestígio, usava também a FM para transmitir só música, fora da faixa comercial.

Outra inovação ocorreu na década de 1970, com a criação das agências de produção radiofônica, que produziam programas com artistas famosos e assuntos de interesse do momento, vendendo as gravações para emissoras de menor porte, que não tinham condições de realizar produções desse tipo.

Redes de rádio e segmentação

A formação de redes deu-se, no início, por telefone e se chamava "cadeia". Em 1958, foi formada pelo grupo Bandeirantes a "Cadeia Verde Amarela Norte-Sul do Brasil", para transmitir a Copa do Mundo de Futebol da Suécia e, depois, para fazer jornalismo. A partir da década de 1970, com o satélite, formaram-se outras redes de Rádio Via Satélite, inicialmente, analógico e depois digital.

As redes de rádios via satélite foram criadas com o objetivo de baixar os custos das grandes emissoras, com canais espalhados pelo País. Dessa forma, um mesmo conglomerado comercial é capaz de produzir conteúdo para dezenas e até centenas de rádios, transmitindo sincrônica ou assincronicamente. Por outro lado, as rádios locais passaram a produzir conteúdo para as "cabeças de rede", localizadas nas capitais e em grandes centros, dando um panorama nacional para o ouvinte.

A lei determina que as rádios afiliadas reproduzam, pelo menos, seis horas por dia de programação local e mantenham estúdios e estrutura de transmissão em sua base territorial, contudo, muitas empresas de comunicação transferem a produção dos programas para locais estratégicos e mantêm apenas um estúdio vazio e a transmissão no local de origem da concessão.

A partir dos anos 1980, a programação generalista das rádios perdeu espaço para conteúdos cada vez mais segmentados por público-alvo. Isso decorreu do aumento do número de emissoras, da expansão do FM como canal musical, mas também de notícias e, posteriormente, até de esportes.

A tendência é que quanto mais rádios se fixarem numa determinada base territorial, mais forte será o processo de segmentação; assim como quando há menos rádios numa região, mais generalista será sua programação.

No final de 1982, a Rádio Jornal do Brasil FM, do Rio de Janeiro, tornava-se a pioneira na utilização do "compact disc áudio digital", ou seja, o disco digital com leitura a laser (o famoso CD). A partir de 11 de abril de 1983, também a Rádio Cidade, do mesmo grupo da Rádio Cultura FM, de São Paulo, passou a usar esse recurso. A passagem do analógico para o digital na produção radiofônica começou de dentro para fora, ou seja, primeiramente dentro dos estúdios e depois se desdobrou para a transmissão.

O surgimento da *webRádio* está ligado aos processos de convergências midiáticas emergentes nos anos 1990, através da transmissão de dados via internet de banda larga em alta escala.

Categorização de rádios: comerciais, educativas, comunitárias e piratas

O debate acerca da formação de rádios piratas e comunitárias passa pela questão da política de concessões definida pelo País. As ondas de rádio são propagadas pelo ar e este é considerado um bem público, cujo uso é regulamentado pelo Estado. As faixas de frequência em FM vão de 87,5 MHz a 108 MHz, enquanto em AM são de 530 Khz a 1600 Khz.

A concessão de uso de uma faixa de frequência precisa de aprovação do Congresso Nacional e do Presidente da República, e todas as rádios no ar são fiscalizadas pela Anatel (Agência Nacional de Telecomunicações), que aplica multas e pode até mesmo interromper o direito de transmissão, caso as emissoras deixem de cumprir suas determinações.

O quadro abaixo demonstra algumas das principais diferenças entre rádios comunitárias e comerciais.

Rádios comunitárias	Rádios oficiais/comerciais AM, FM, OT, OC
Fundações ou associações civis sem fins lucrativos.	Empresas com fins lucrativos e de capital aberto (limitado a 30%).
A verba vem de leis de incentivo, projetos sociais e apoios culturais de sua base territorial.	Comercializam espaço da programação tanto à iniciativa privada quanto ao Estado.
Abrangência territorial no raio de 1 km a partir da antena.	Abrangem até 100 km de raio.
Potência máxima de 25 watts.	Chegam até 120.000 watts.
Estão restritas aos locais de endereço previstos nas concessões.	Conseguem colocar antenas em locais altos para aumentar seu alcance.
Não utilizam satélite. Estão proibidas de repetir seu conteúdo em outras emissoras.	Possuem redes via satélite de abrangência nacional.
São unidades independentes.	Grande parte pertence a conglomerados de empresas de comunicação.
Dependem dos circuitos artísticos alternativos para realizar eventos e promoções.	Promovem parcerias e grandes eventos com gravadoras multinacionais.

A restrição de abrangência territorial das rádios comunitárias, porém, permite maior proximidade com seu público, com destaque à prestação de serviço. A rádio comunitária deve ter o compromisso de colaborar com o desenvolvimento socioeducativo local.

Vale destacar que uma rádio pirata é considerada fora da lei, sendo assim, não pode ser comparada com as comunitárias e oficiais. Contudo, em geral, reproduzem regionalmente a concorrência pelos anunciantes e comercializam espaços na programação que variam de *spots* comerciais a várias horas por dia.

As rádios educativas

Segundo o Ministério das Comunicações, podem pleitear o direito à transmissão as pessoas jurídicas de direito público interno, fundações e outras instituições privadas, contudo, as universidades públicas e privadas têm preferência na obtenção da outorga de prestação de serviços de radiodifusão.

Estas rádios devem ter conteúdo exclusivamente educativo, em favor da valorização da cultura brasileira, da educação para o trabalho, do folclore e até mesmo de eventos esportivos cobertos com enfoque socioeducativo.

É possível a veiculação de conteúdo publicitário a título de apoio cultural, mas o recurso deve ser aplicado à manutenção da emissora e não ao lucro da instituição detentora da outorga. Esta deverá manter a rádio com recursos próprios, garantidos em orçamento público ou nos estatutos da fundação competente.

2. Características do rádio

Desde as tentativas dos primeiros experimentos, o rádio se expandiu até se tornar um meio de comunicação quase universal. Percorre o mundo em ondas curtas, ligando continentes numa fração de segundos. Dá um salto até os satélites para imprimir sua marca em uma quarta parte do globo terrestre, sem desconsiderar o local. Traz esse mundo para aqueles que não sabem ler e ajuda a manter contato com os que não podem ver. Segundo Mcleish, o rádio possui pelo menos dezenove características, dentre elas pode-se destacar: construção de imagens, capacidade de falar para milhões de pessoas, capacidade de falar para cada indivíduo, velocidade, simplicidade, baixo custo, efemeridade, música, surpresa, interferência. Estas características, são trabalhadas por André Barbosa (2003:45-50) e aqui sintetizadas e, quando bem aplicadas, podem facilitar a mediação entre produção e recepção, locutor e ouvinte.

Sensorialidade: o rádio forma imagens

Enquanto nos meios audiovisuais o telespectador conta com som e imagem, no rádio a única arma é a voz, a fala. Isso, fatalmente, desperta a imaginação do ouvinte, que logo cria na sua mente a visualização do dono da voz ou do que está sendo dito. Se na televisão a imagem já vem acompanhada com a voz ou mesmo sozinha, no rádio o ouvinte tem a liberdade de criar, com base no que está sendo dito, a imagem do assunto/pessoa/fato. De acordo com Mcleish, "quem faz textos e comentários para o rádio escolhe as palavras de modo a criar as devidas imagens na mente do ouvinte e, assim fazendo, torna o assunto inteligível" (2001: 16). Por tratar-se de um meio "cego", a sua linguagem estimula a imaginação, envolve o ouvinte convidando-o a participar da mensagem através de um "diálogo mental".

Abrangência: o rádio fala para milhões

Sem grandes complicações tecnológicas, o rádio tem a vantagem de poder falar para milhões de pessoas, o que marca a era da radiodifusão (transmissão e dispersão da informação produzida que abrange indivíduos, grupos e estratos sociais em todo o mundo). O satélite é fundamental para assegurar essa característica. Cifras importantes para avaliar a radiodifusão são a parcela e o alcance de audiência. A parcela de *audiência* diz respeito ao tempo que o ouvinte gasta ouvindo determinada emissora; já o *alcance de audiência* corresponde ao número de pessoas que ouvem, efetivamente, alguma emissora no período de um dia ou uma semana. Ambos são expressos em porcentagem.

Regionalismo

Segundo Chantler e Harris, "a força do jornalismo numa emissora de rádio local é o instrumento que dá a ela a sensação de ser verdadeiramente local" (1998: 20).

O regionalismo é uma marca fundamental do rádio, pois dá visibilidade às informações locais. Esse princípio dinamiza as relações entre rádio e comunidade. Chantler e Harris asseguram, ainda, que notícias obtidas na "esquina" são tão ou mais importantes do que as recebidas de outras partes do mundo. Há, no entanto, o perigo de tornar tudo muito local. É preciso distinguir entre o que é local e o que é paroquial. É importante avaliar corretamente o que é uma notícia local.

Intimidade: o rádio fala para cada indivíduo

Ao mesmo tempo que atinge milhares de pessoas, o rádio é voltado para o indivíduo em particular. As palavras, a forma de falar são pensadas para o ouvinte com suas particularidades e expectativas. De acordo com o professor Falciano, o transistor facilitou esse caráter, já que permitiu uma audiência personalizada, individual, com a fabricação de rádios a bateria, o que barateou o custo do aparelho. O tom íntimo das transmissões representado pelas expressões "amigo ouvinte", "caro ouvinte", "querido ouvinte" proporciona aproximação e intimidade únicas, fazendo do rádio um veículo companheiro. Antes a audiência era coletiva. Em áreas rurais ainda pouco beneficiadas com a tecnologia, registra-se a recepção radiofônica grupal, ou seja, as pessoas dos vilarejos se reuniam para ouvir as notícias provenientes de um rádio apenas.

Interação

Durante muitos anos, o telefone foi o grande e quase único parceiro do rádio no contato com os ouvintes, repórteres e entrevistados, mas a presença de outros dispositivos de comunicação tem ampliado as possibilidades de interação através do rádio.

O radialista que antes seguia uma programação e recebia ou anotava em papéis as manifestações dos ouvintes, atualmente, tem de conviver com a constante intervenção dos que lhe escutam. Esta possibilidade, todavia, facilita a *proximidade* e *intimidade*, duas das características fundamentais para a sobrevivência do rádio.

Os sites de relacionamento, mensagens instantâneas com texto e imagens e e-mails estão incorporados ao cotidiano dos estúdios. São ouvintes que opinam sobre o conteúdo apresentado, dão informações de trânsito e solicitam novos assuntos e músicas na programação.

O profissional de comunicação precisa, portanto, ser multimidiático, consciente das linguagens específicas para a formatação de cada conteúdo a ser disponibilizado a um público-alvo cada vez mais individualizado, que customiza preferências e espera ser atendido como consumidor de informação.

Imediatismo e instantaneidade

O rádio possui um caráter imediato, possibilitando que o ouvinte se inteire dos fatos no momento em que acontecem. A transmissão de um jogo de futebol, a cobertura de acidentes no local do ocorrido dão agilidade para o meio. O rádio acelera a disseminação das informações em curto espaço de tempo. Se conhecimento é poder, o rádio dá poder a todos nós, quer exercitemos ou não algum tipo de autoridade.

A simplicidade do rádio

O rádio dispensa todo o aparato comum nos meios visuais (câmera, luzes e outros recursos). Com uma estrutura mínima, trabalha-se no meio – o que abre precedentes para que pessoas não especialistas se aventurem na arte de "fazer" rádio. Além disso, essa simplicidade possibilita ao radialista tornar a programação flexível com substituições e alterações nos programas diários.

Mobilidade e portabilidade

Livre de fios e tomadas, o rádio pode ser levado a qualquer lugar. Isso faz dele uma mídia pessoal e que pode ser "ouvida" onde o receptor desejar. Pode ser ouvido em qualquer lugar, em todas as circunstâncias, sem nenhum problema: no carro, na rua, na cozinha, no campo de futebol, no curral da fazenda ou no bar da esquina; de infinitos modos, sem pedir nada. Mais: não exige atenção fixa como, por exemplo, a televisão. As pessoas simplesmente ouvem, fazendo outras coisas, sem se incomodar.

O rádio é acessível

Todo mundo tem acesso fácil ao rádio. Praticamente toda residência tem pelo menos um ou vários aparelhos. A proporção é de um rádio por pessoa, segundo pesquisas recentes. Seu preço é sempre razoável, sem grandes problemas. E atinge quase todos os lugares. Mesmo onde não haja energia elétrica ou ainda não tenha chegado a televisão.

O rádio está sempre por perto, ao alcance da mão ou do ouvido, atingindo toda a população, da criança ao idoso.

O rádio é barato

Os custos com o rádio são relativamente baratos, se comparados com outros meios de comunicação. Tanto do ponto de vista de investimento quanto de manutenção. Do ponto de vista do anunciante, o rádio ainda representa o menor custo por ouvinte-hora. Portanto, a grande dificuldade para se instalar uma rádio não é de ordem financeira, mas diz respeito à obtenção de uma frequência de transmissão, que é protegida pelos governos como signatários de acordos internacionais. Isso resulta, na maioria das vezes, em algumas dificuldades para a obtenção de concessão. As estações de rádio são financiadas de várias maneiras: licença pública, publicidade comercial, subsídio do governo, capital privado, assinatura pública ou qualquer combinação entre esses métodos.

Função social

Em face dessas características, o rádio possui uma importante função social: atua como agente de informação e formação do coletivo. Desde a sua gênese vem se firmando como um serviço de utilidade pública, exercendo uma comunicação que muito tem contribuído para a história da humanidade. Vem deixando como legado princípios como ação, atuação, transformação e mobilização. De acordo com Mcleish, as funções do rádio para a sociedade são:

- fornecer informações sobre empregos, produtos e serviços, ajudando assim a criar mercados com o incentivo à renda e ao consumo;
- atuar como um vigilante sobre os que detêm poder, propiciando o contato entre eles e o público;
- ajudar a desenvolver objetivos comuns e opções políticas, possibilitando o debate social e político e expondo temas e soluções práticas;
- contribuir para a cultura artística e intelectual, dando oportunidades para artistas novos e consagrados de todos os gêneros;
- divulgar ideias que podem ser radicais e que levam a novas crenças e valores, promovendo assim diversidade e mudanças – ou que talvez reforcem valores tradicionais para ajudar a manter a ordem social por meio do *status*;
- facilitar o diálogo entre indivíduo e grupos, promovendo a noção de comunidade;
- mobilizar recursos públicos e privados para fins pessoais ou comunitários, especialmente numa emergência.

Função comunitária

Mediante as funções sociais do rádio antes citadas, resta-nos perceber quais seriam os interesses do uso e alcance do rádio no contexto do trabalho em comunidade.

Há de se considerar que as funções citadas anteriormente são universais, podendo, portanto, ser aplicadas em casos e fins diferenciados. O comunicador popular e/ou religioso possui como meta divulgar a Palavra de Deus por meio do rádio, bem como propor mudanças e alterações no processo social.

É importante o comunicador reter que a prestação de serviço público por intermédio do rádio possui força e poder inimagináveis. Ele – o rádio – tem a magia de cativar e seduzir os seus ouvintes, conduzindo-os a atitudes e comportamentos conforme o padrão estabelecido. Por isso, é bom ter em mente que você está fazendo uso de um meio que influencia o cotidiano das pessoas, o que lhe possibilitará resultados positivos, se forem bem canalizados com as propostas de mudança e transformação.

WebRádio: linguagem, meio e o profissional

A constante segmentação do rádio como veículo de comunicação é potencializada na web. Mas a simples presença na rede não significa necessariamente aumento ou qualificação da audiência, pois, assim como os blogs e sites, o mais importante é ser encontrado entre bilhões de páginas. Os conceitos aplicados à publicação de sites (serem atrativos, dinâmicos, funcionais, intuitivos) cabem também ao local da rádio na internet. Ou seja, a rádio na web vai depender sempre de outras formas de divulgação de seu endereço para ser ouvida.

O problema inverso é o excesso de ouvintes. Se no rádio hertziano a quantidade de pessoas sintonizadas simultaneamente é ilimitada, dependendo apenas da abrangência territorial, na internet cada nova conexão representa aumento no custo de manutenção da rádio on-line, pois é como se cada um fosse pendurando-se a um nó na rede, representado pela emissora. Quanto maior for o número de ouvintes que acessa a emissora, mais capacidade de transmissão o provedor terá de disponibilizar.

Os sites das grandes empresas de comunicação possuem a maioria dos recursos mais avançados que a tecnologia oferece e se aproveitam disso para multiplicar seu conteúdo nas diferentes mídias. Por outro lado, o canal da internet democratiza a possibilidade de expressão de grupos, comunidades e movimentos sociais com pouco espaço nos meios de comunicação convencionais, até mesmo através de serviços e aplicativos gratuitos.

Há ainda o desdobramento do conteúdo radiofônico para o suporte do site, permitindo ao ouvinte-internauta o acesso a arquivos multimídia que aprofundam e complementam as informações transmitidas pelo canal sonoro.

3. A linguagem do rádio

Pela importância que o rádio assume no meio social, é preciso ter em conta a linguagem e seus meandros. Ela é o grande trunfo para que o meio seduza e cative os ouvintes. O rádio fala e, para receber a mensagem, é apenas necessário ouvir. Indispensável, o rádio leva uma vantagem sobre os veículos impressos, pois para receber as informações não é preciso que o ouvinte seja alfabetizado, o que o torna um dos meios mais democráticos. No caso dos veículos impressos, o público não alfabetizado é excluído *a priori*.

A informação no rádio, que praticamente nasceu no instante mesmo em que se realizava a primeira emissão radiofônica, precisou percorrer um longo caminho para poder encontrar sua manifestação mais ampla dentro do meio. Por uma série de razões – seja de ordem jurídica ou político-econômica –, a transmissão da informação pelo rádio sempre encontrou barreiras dos mais diversos tipos. Por muito tempo, a improvisação predominou na elaboração das emissões informativas, sendo quase sempre esquecidas as características do próprio rádio que, a rigor, se opõe às teorias que o definem como incapaz de levar adiante uma comunicação de maior profundidade do que a simples transmissão do fato, sem permitir que o "contexto" desse fato possa ser apreendido. Talvez a real incapacidade quase sempre estivesse no desconhecimento, na falta de domínio da potencialidade do fenômeno radiofônico.

O texto: a escrita e a fala

Mesmo fazendo uso da voz, o processo de produção em rádio (da pauta à locução) compreende o uso de linguagem escrita e a construção de textos. Sobre isso Porchat lembra que

> a comunicação no rádio é limitada, por contar apenas com o som. O que requer uma compensação na linguagem nele empregada; em contrapartida, o rádio leva a vantagem de estar em toda parte. Esse alcance impõe um compromisso cultural, num sentido amplo, e promove a valorização da nossa língua de modo particular (1993: 93).

Esse compromisso cultural de valorização da língua é orientado no rádio pelas regras da linguagem coloquial, pois o radialista está falando com alguém. Uma vez que a fala supõe uma linguagem mais leve e informal, há de se esperar que o comunicador não carregue o seu vocabulário com palavras complicadas de difícil entendimento para a média do seu público. O texto usado no rádio é uma fala armazenada. Embora o radialista se prepare antes de apresentar o programa, ele deve demonstrar espontaneidade e improviso ao falar, colocando emoção em sua voz, em face do que está sendo noticiado/relatado.

Daí a necessidade do *script*. Este orienta que entonação a voz deve ter para transmitir a ideia de tensão e distensão. O *script* é um guia seguro que possibilita ao radialista saber o que vai dizer e como fazê-lo (nem todos os *scripts* indicam o como).

O mesmo procedimento se aplica à notícia e a outros gêneros que possuem tratamentos diferenciados, a depender das exigências do assunto tratado. De modo geral, podemos dizer que a linguagem radiofônica deve ser:

- direta;
- simples;
- clara.

Essas características instituem uma regra geral para a linguagem de rádio:

→ dizer de modo direto (objetividade);
→ com a maior nitidez possível (clareza);
→ curto espaço de tempo (brevidade).

A linguagem, em qualquer programa, tem de ser "quente", acolhedora, entusiasmada. Nada formal. O rádio está sempre no presente e é imediatista. Envolve emocionalmente. Cria intimidade. O rádio não fala para uma massa de milhares de ouvintes, e sim para um único ouvinte. Portanto, dirija-se a ele de forma direta, no singular. Em vez de explorar a emoção alienada, ofereça valores de vida que emocionam. Palavras fora de uso comum não são utilizadas no rádio. Cuidado também com os termos religiosos pouco conhecidos.

Porém, é preciso levar em consideração que tão importante quanto o *que* se fala é *como* se fala. Por isso, a adequação da locução ao conteúdo é fundamental.

Há quem diga que o corpo é a casa do espírito. Se assim for, a voz é um dos veículos através dos quais demonstramos o estado desse espírito. Ela é um conjunto de emoções que nos auxilia a nos relacionarmos com aqueles a quem nos dirigimos. Em outras palavras, a voz é um reflexo da disposição, da atitude e dos pensamentos ocultos ou não.

Cada estilo de programa exige um tipo de locução correspondente. A locução jornalística, por exemplo, deve ser firme, porém simpática. O que significa dizer que a credibilidade da notícia que está sendo transmitida se dá, quase que exclusivamente, através da voz do locutor. Uma voz insegura passará longe da credibilidade. Por outro lado, uma voz excessivamente impositiva criará uma distância entre o locutor e o ouvinte. Daí a necessidade de um equilíbrio.

Já a apresentação de um programa de variedades requer um outro estilo de locução, isto é, um tom mais íntimo, absolutamente coloquial, uma vez que o apresentador conversa com o ouvinte. Já a locução de uma peça ficcional requer outro tipo de trabalho, ou seja, um trabalho de interpretação que ajude a compor a personalidade do personagem.

Seja qual for o gênero de programa no qual estejamos trabalhando, é imprescindível que o locutor abandone um padrão vocal inatingível, já que a voz é como a impressão digital, é única, para desenvolver um estilo próprio e criar empatia e fidelização com seu ouvinte.

Para maior entendimento sobre a linguagem radiofônica, nada melhor que conhecermos os gêneros desse meio, sua dinâmica, sua regra e suas leis específicas.

Algumas pistas para a locução

No rádio a locução é fundamental para uma boa comunicação, e alguns pressupostos devem ser considerados:

a) Respiração – para falar e manter o controle emocional – ajuda e assegura o volume de ar necessário. Inspirar e expirar pelo nariz de maneira compassada.
b) Relaxamento das cordas vocais, que é obtido pelo equilíbrio emocional.
c) Postura – a boa postura corporal proporciona equilíbrio, o que se reflete diretamente na produção vocal.
d) Articulação – associada à exploração das cavidades de ressonância e à respiração, favorece a potência da voz.
e) Divisão silábica correta.
f) Articulação do discurso – são as palavras que dão continuidade ao que se fala. Traduz o curso da ideia que permite uma pausa com sentido de continuidade (preposições e adjuntos adverbiais).
g) Pontuação – dá clareza ao texto. Deve ser observada, pois, quando inadequada, altera o sentido e o conteúdo do texto.

h) Entonação – é a música da linguagem. A variação de tom dota a frase de uma musicalidade que decorre do próprio significado da palavra. Muda-se o tom após um sinal de pontuação.
i) Ritmo – é resultado de diversos elementos da leitura: conteúdo, clareza, ênfase, pontuação correta.
j) Ressonância – trata-se de explorar as cavidades orais e nasais, o posicionamento correto da língua, que conferirá maior potência e projeção vocal.

Emissão da voz

Na emissão da voz distingue-se: tom, timbre, intensidade, coloração.

- TOM: é o número de vibrações por segundo (aproximação e afastamento das cordas vocais). Quanto maior o número de vibrações, mais aguda é a voz.
- INTENSIDADE ou VOLUME: é a qualidade que diferencia a voz fraca da forte. É a força com que o som é produzido; depende da potência da expiração do ar contido no peito e do comprimento e constituição das cordas vocais.
- TESSITURA: é a extensão da voz, a escala de notas que se alcança.
- TIMBRE: é a personalidade da voz. Varia conforme a idade, o sexo, e depende da constituição anatômica e das alterações que existem na caixa de ressonância.
- COLORIDO: refere-se à arte de dizer. É de cunho pessoal. O intérprete acrescenta sua personalidade e criatividade ao texto.

Ritmo

Toda leitura precisa ter um ritmo, e este deve conciliar diversos elementos, como conteúdo, clareza, ênfase, pontuação correta. Por sua vez, esse ritmo não deve ser muito lento nem muito rápido, a depender do conteúdo, do veículo e do texto. As pausas muito longas podem comprometer o ritmo e a clareza do texto.

Precisamos lembrar também que o programa como um todo deve ter um ritmo. Devem-se dosar os elementos colocados, falas, música, tempos etc.

- *Exclamação* – expressa surpresa, emoção;
- *Parágrafo* (§) – mudança de assunto, de tom de voz;
- *Ponto* – final de unidade fônica completa.

Como falar ao microfone no rádio

Em voz baixa, em tom coloquial, conversando:

- conversar não é ler, nem gritar, nem fazer discursos ou declamar;
- ainda que esteja seguindo um texto, não se deve ler, e sim falar;
- fala-se a uma pessoa, não a uma multidão;
- evitar ruídos do papel, das mãos, da boca ou tocar no microfone;
- posicionar-se em meio perfil em relação ao microfone, e não de frente. Não mover a cabeça. Colocar o papel com o texto de maneira vertical, ao lado do microfone. Não ler olhando para baixo;
- colocar-se no lugar do ouvinte: o que você não entende, ele não entenderá;
- manter o sorriso nos lábios e evitar falar em tom severo;
- uma vez preparado e assumido o texto, a comunicação de quem fala levará, com a empatia, a sua convicção.

Saiba explorar todas as possibilidades que o rádio oferece. Seja um comunicador envolvente!

4. Gêneros radiofônicos

Antes de falar em gêneros de programas radiofônicos, é importante deixar claro que qualquer tipo de programa deve, necessariamente, contar com um roteiro para ser apresentado. Infelizmente, isso não ocorre com a maioria dos programas de grande parte das emissoras do País. Primeiro, porque o locutor se considera apto a apresentar o programa sem a necessidade de um roteiro a seguir, e alguns chegam a argumentar que o roteiro lhes tira a versatilidade e a descontração. Em segundo lugar, porque existe a ideia de que a criação de um roteiro é complexa e demanda muito tempo.

Cuidado com esses argumentos, pois eles motivam o trabalho desordenado e contribuem, fortemente, para falhas e ruídos na comunicação radiofônica. Na verdade, o verdadeiro locutor deve saber trabalhar com o roteiro, primeiro porque é uma garantia contra possíveis falhas que, normalmente, acontecem quando menos se espera; depois, porque é a forma profissional de se atuar, pois permite que o programa seja permanentemente controlado e possa ser modificado pelo coordenador, sem que isso cause "buracos" na programação. Já quanto ao segundo argumento, apesar de ser verdadeiro, não serve como justificativa. Quando decidimos participar da produção de um programa de rádio, precisamos ter em mente que o fundamental é apresentar algo benfeito, independentemente do tempo que nos vai tomar e da dificuldade que teremos para concluí-lo.

Um roteiro bem elaborado garante a entrada e a saída do programa no horário; e cumprir o horário, além de demonstrar respeito pelo ouvinte, permite também mudanças de última hora no material a ser divulgado, sem prejudicar o ritmo do programa. Pode acontecer, por exemplo, de um entrevistado "furar". Devemos levar em conta, também, que o roteiro permite o registro dos programas por muito tempo, uma vez que podem ser arquivados e transformarem-se em verdadeiros documentos.

São várias as categorizações dos gêneros no rádio. Alguns autores, a exemplo de André Barbosa Filho, preferem esquematizá-las em sete. São elas: jornalístico, educativo-cultural, de entretenimento, publicitário, propagandístico, de serviço e especial.

Pode-se ainda, segundo López Vigil, classificar os gêneros sob três perspectivas: o modo de produção, a intenção do emissor e a segmentação do ouvinte.

Para fins práticos de produção de programas, optamos por três grandes gêneros que incluem os demais:

- Gênero jornalístico/informativo;
- Gênero ficcional;
- Gênero musical.

Gênero jornalístico/informativo

De todos os gêneros criados pelo rádio em seus primórdios, o informativo é um dos que ainda ocupa posição de destaque. As características do rádio como meio de comunicação de massa fazem com que ele seja especialmente adequado para a transmissão da informação, que pode ser considerada sua função principal: ele tem condições de enviar a informação com mais rapidez do que qualquer outro meio.

O rádio foi o primeiro dos meios de comunicação de massa que tornou a notícia inédita, graças à possibilidade de divulgar os fatos no exato momento em que ocorrem. Permitiu que o homem se sentisse participante de um mundo muito mais amplo do que aquele que estava ao alcance dos sentidos. Segundo Walter Sampaio o rádio, pela sua natureza, coloca o ouvinte dentro daquela "história que passa", no momento exato em que está passando, e abre-lhe a alternativa de acompanhá-la.

Essa atividade do rádio é denominada radiojornalismo: verdade transmitida com responsabilidade social. O radiojornalismo vive da informação a ser investigada, noticiada, comentada e repercutida.

A informação no rádio

Nos últimos tempos, tem sido atribuída à palavra informação uma série de conotações – principalmente com relação aos meios eletrônicos –, adjetivando-a para que represente, também, outros tipos de mensagens que não as eminentemente jornalísticas. Assim, muitas vezes ouvimos a "informação musical", "informação comercial" etc. Discussões à parte, vamos aqui considerar apenas um tipo de informação: a jornalística.

O objetivo da informação, como mensagem radiofônica, é manter o ouvinte a par de tudo o que ocorre no mundo de interesse e na atualidade. Sob este ponto de vista, podemos considerar que pertencem à informação todos os programas regulares de notícias, os ocasionais originados pela aparição de uma notícia de excepcional relevo e aqueles outros que têm como finalidade levar ao público um conjunto de conteúdos que estão presentes na atualidade, sem serem totalmente atuais. Desse modo, a informação radiofônica aparece como um todo dentro da sucessão de mensagens radiofônicas diárias, e não como algo isolado dentro da programação, com horário mais ou menos fixo e duração determinada.

Informação e notícia: conceitos

Muitas divergências existem em torno dos conceitos de informação e de notícia, às vezes empregados como sinônimos, outras com especificações próprias. Genericamente, podemos considerar que informar é dar a conhecer um conjunto de mensagens de atualidade (notícias), através dos distintos meios de comunicação.

Existem várias definições para notícia. Uma das mais usuais é a que diz: *Notícia é tudo aquilo que é novidade, interessante e de relevância social.* Desde o nascimento do jornal, no início do século XVII, existe o problema da necessidade de escolher, dentre um grande número de acontecimentos, aqueles que merecem ser divulgados. Com o rádio, essa realidade não é muito diferente.

Os critérios para a construção de notícias seguem parâmetros éticos e morais que orientam o radialista, o repórter, o pauteiro, sobre como proceder no processo de produção de matérias. Entre eles, podemos destacar:

Objetividade: é um princípio básico que orienta a atividade do radialista. Significa relatar de maneira correta essas verdades em seu próprio contexto, mesmo quando entram em conflito com nossos valores pessoais. Agir de forma objetiva nem sempre resulta fácil, pois o profissional de rádio se depara cotidianamente com questões que o envolvem subjetivamente. Mesmo assim, constitui um imperativo ético que o profissional seja imparcial, o máximo que puder.

Os valores das notícias: "Entre todos os eventos e histórias que ocorrem num dia, como o radialista decide o que será incluído no boletim noticiário?" (2001: 31), questiona Mcleish. Os valores das notícias são medidos pelo interesse do ouvinte, por aquilo que lhe envolve direta ou indiretamente. Alguns pontos devem ser levados em conta pelo que são:

- importante – acontecimentos e decisões que afetam o mundo, a nação, a comunidade e, portanto, a mim/ você;
- controverso – eleição, guerra, processo no tribunal, em que o resultado ainda não é conhecido;
- dramático – as dimensões da tragédia, acidente, terremoto, tempestade, assalto;
- geograficamente perto – quanto mais próxima do ouvinte a notícia acontecer, maior é a probabilidade de afetá-lo;
- culturalmente pertinente – se o ouvinte tiver algo em comum com o fato, pode se sentir ligado a ele, mesmo que esteja distante;
- imediato – acontecimentos, e não tendências;
- inusitado – o incomum ou coincidente, à medida que afeta as pessoas.

Considerada o espelho da sociedade, a notícia radiofônica deve se preocupar em, pelo menos, possibilitar ao público informações importantes, levando em conta o *incomum*, o *relevante*, ou seja, o *factual*. Isso, no entanto, não deve motivar a exploração da miséria humana; o incomum da notícia deve ter como horizonte a relevância e pertinência do fato para os ouvintes.

A construção de notícias no rádio depende de uma série de procedimentos que absorvem grande parte das funções exercidas no meio, mobilizando técnicas e formas de fazer particulares.

A mensagem informativa

Existe apenas uma informação a ser difundida tanto pelos veículos impressos como pelos eletrônicos. No rádio, a informação vai apresentar características próprias, sem, contudo, perder sua identificação com o conteúdo a ser transmitido. A diferenciação deve ser entendida unicamente em função do meio específico e da técnica mais adequada a ele, e não como se existisse um tipo exclusivo de informação para cada meio. O que pode ocorrer é a aparição eventual de acontecimentos que melhor se adaptam a um ou outro meio de transmissão.

A notícia no rádio tem estrutura semelhante à de outras mensagens radiofônicas: embora a informação tenha conteúdo e natureza diferentes das demais, está sujeita à linguagem do meio, devendo adequar-se às suas características. E algumas das características do rádio permitem que este seja especialmente apto para a transmissão da informação, destacando-se, entre elas, o imediatismo e a mobilidade. E para atingir essas características, esse rádio precisa produzir informações que chamem a atenção do ouvinte.

Gênero ficcional

Os programas de ficção no rádio brasileiro tiveram sua origem no rádio teatro, criado na década de 1930, e principalmente na radionovela, criada no início dos anos 1940. Caracteriza-se basicamente pela interpretação e ambientação produzidas pelos efeitos sonoros e pelas músicas. Sejam histórias verdadeiras ou estórias fictícias, contadas em capítulos sequenciais, como nas radionovelas ou não, é preciso adaptá-las e, sobretudo, radiofonizá-las. Isso significa que precisamos traduzi-las para a linguagem radiofônica, caso não tenham sido escritas especialmente para o áudio. Vale lembrar que a linguagem radiofônica assenta-se sobre um tripé formado por fala, efeitos sonoros e música. O peso e a importância de cada um são determinados pelo produto que se está produzindo. Pode-se dizer que, no formato ficcional, esses três elementos têm pesos similares.

A narração oral é uma forma de acumular e transmitir conhecimentos, crenças, valores e normas. Há vários tipos de narração:

> Mitos – relato simbólico-poético que explica a origem do mundo, da vida, da cultura, dos deuses.
> Lendas – estórias que transmitem leis sociais mais estáveis.
> Fábulas – estórias em que animais são personagens que dão lição de moral.
> Contos – narração dramática breve, de trama simples e poucos personagens. Mostram os conflitos dos homens em suas relações de convivência.

Para se adaptar um conto ou mesmo quando se cria uma história, são necessárias três condições ideais. Primeiro, deve haver um conflito, uma luta entre os personagens principais. Segundo, os fatos narrados, mesmo quando irreais ou fantasiosos, devem ser verossímeis, ou seja, lógicos. E, finalmente, é necessário ainda ficar atento ao tamanho da história que se quer contar e adaptá-la ao tempo disponível.

A trama ou história é um conjunto de ações que os personagens realizam com o objetivo de resolver o conflito. Para identificá-los ou criá-los, é preciso saber qual o conflito principal, como aparece, como está se desenvolvendo e qual a solução. É necessário também identificar ou criar esses personagens de forma clara e completa, isto é, explicar quem são, qual a personalidade de cada um e por que agem assim.

E, finalmente, convém ter bastante claro que mensagem o conto quer transmitir e qual sua ideia central. Segundo os especialistas, os diálogos são a parte mais importante da história, porque são eles que mostram o conflito. Ao radiofonizar uma história é necessário dar atenção redobrada a eles. Afinal, os personagens só se manifestam através de suas falas. Portanto, ao escrever leve em conta os sentimentos de cada personagem; redija imaginando suas feições, seus sentimentos e trejeitos; cada personagem deve falar segundo sua classe social. E lembre-se: frases curtas e diretas dão clareza e agilidade.

As histórias podem ainda contar com um narrador. Seu papel é conduzir o ouvinte pelos diversos cenários, mostrar elementos que não podem ser dramatizados e, ainda, sintetizar fatos intermediários. Porém, limita-se a isso. O narrador não deve explicar o que aconteceu ou acontecerá, não deve descrever sentimentos e muito menos explicar conceitos, ideias, dar lição de moral. Tudo isso deve vir dos diálogos dos personagens.

Tão importante quanto os diálogos são as músicas, uma vez que estas são a linguagem dos sentimentos. Elas preparam emocionalmente o ouvinte para as mensagens contidas nos diálogos. Além disso, destacam os momentos de maior intensidade emocional, envolvendo o ouvinte na trama.

E se a música apela aos sentimentos, os *efeitos sonoros* trazem o mundo para dentro do rádio. São eles que criam a ambientação, isto é, revelam onde e quando acontecem as coisas; sons que permitem que a natureza e outras coisas estejam presentes no rádio.

O sociodrama é também uma boa possibilidade de trabalho dentro do gênero ficcional. Criado a partir de experiências no campo da educação popular, o formato conta pequenas histórias que traduzem a realidade de um determinado bairro ou comunidade. Essas histórias podem ser realizadas na própria comunidade e não exigem roteiro. Os participantes elegem um tema ou problema local, escolhem personagens e, de improviso, elaboram algumas cenas. O sociodrama não prevê a solução do conflito, como outros formatos dramáticos, e sim serve de alavanca para a discussão de problemas. O formato também pode ser feito na emissora para dinamizar a programação e, sobretudo, para criar um canal interativo com os ouvintes e seus problemas.

Mas nem só de problemas e dramas vive o gênero ficcional. O *humor* também faz parte desse formato. Há quem diga que rir é o melhor remédio, porém, mais do que isso, o humor pode ser utilizado para educar, refletir sobre algo, conscientizar ou mesmo para criticar, uma vez que suaviza todo tipo de observação rigorosa. Também pode ser usado em vinhetas, em programas em séries de quinze a trinta minutos, que se caracterizam por uma sequência de piadas conectadas em quadros e personagens fixos, cujo objetivo é o entretenimento.

Atualmente, o humor no rádio aparece basicamente sob a forma de esquetes, ou seja, programas de três minutos de duração ou pequenos quadros inseridos na programação.

O argumento cômico é construído basicamente com FRASES, PERSONAGENS E SITUAÇÕES.

Veja alguns estilos de frases recorrentes no argumento cômico:

→ *Frases modificadas*: colocar uma ideia nova num ditado velho.
→ *Frases ao contrário*: avesso de uma frase ou ditado, invertendo o que diz um personagem.
→ *O duplo sentido*: uma mesma palavra tem significados diferentes. Tomar o conteúdo simbólico de uma expressão.
→ *Os estribilhos*: palavras ou frases que se repetem o tempo todo.
→ *Frases com rima*: são sempre engraçadas e podem ser usadas num diálogo, numa vinheta etc.

- *Os exageros*: são sempre cômicos, principalmente se usados em comparações.
- *Frases surpresa*: uma piada que termina com fim inesperado.

Os personagens não devem fugir daqueles tipos encontrados no cotidiano. Os tipos mais comuns podem ser muito engraçados:

> *Tipo vaidoso*: se acha melhor que os outros, por isso se torna cômico, quando se dá mal. O riso funciona como castigo social. O tom deve se adequar ao personagem, isto é, afetado, cerimonioso.

> *Tipo tímido*: é o contrário do vaidoso. Tem medo de fazer ridículo e acaba caindo nele. O tímido é sempre engraçado diante da autoridade, do sexo oposto, do público. Nós nos identificamos com ele. No final ele sempre triunfa.

> *Tipo brincalhão*: astuto, vivo, trapaceiro. Rápido para entrar em confusões e hábil para sair delas. Não é mau, e sim malicioso, por isso gostamos dele. Joga com o duplo sentido, ironias, frases criativas, comparações exageradas.

> *Tipo ingênuo*: é o contrário do brincalhão, não tem malícia. Pode ser interpretado com tons lentos, angelicais, abobalhados. Cria situações das quais não consegue sair.

> *Tipo bruto*: teimoso, com ideias escassas ou fixas; obcecado com alguma coisa (desejo, preocupação), mandão, impaciente. Tem voz seca, dura, grave. No fim, acaba sempre sendo amansado.

> *Tipo distraído*: sem ideia, não se concentra em nada; mosca-morta.

Muitas vezes rimos mais de *como* a piada é contada do que propriamente dela. Por isso, adequar a voz e a interpretação do personagem é fundamental.

A terceira parte do tripé formado pelo argumento cômico são as *situações*. Se o ponto principal da tragédia é a desgraça não merecida, na comédia, um acidente não tão grave com um personagem, por exemplo, vaidoso, certamente vai provocar o riso. Vejamos algumas situações que podem ser usadas:

> *Degradação*: situações que juntam o solene e o prosaico. O galã que perde a dentadura. Personagens convencidos que cometem gafes. Situações que contradizem suas belas palavras ou princípios morais.
> *Desproporção*: desencadear um efeito muito grande, a partir de uma causa muito pequena.
> *Inversão*: contrariar as normas, a ordem social. Inverter situações em que o bobo vira professor e o sabido, aluno. Situação que se volta contra aquele que a criou. O fraco vence o forte. Pode ser usada em assuntos de amor, política, dinheiro.
> *Repetição*: a repetição de frases ou situações que no fim acabam mal.
> *Confusão*: uma situação ou diálogo que tem duas interpretações. A correta é feita pelo público e a equivocada, pelos personagens.

Há ainda outros tipos de humor como a zombaria de defeitos físicos, do sexo oposto, ou, ainda, quando se faz referência à raça e a classes sociais. E também o humor negro, quando as piadas fazem referência à morte, a dor e ao trágico. Esses dois tipos de humor são relativamente perigosos, uma vez que a linha que os separa da baixaria, do mau gosto e da ideologia é tênue.

Gênero musical

Bem mais velho que o rádio, o antecessor do disco, o fonógrafo, chegou ao Brasil em 1879. Bastante rústico, o invento levou bem mais de 10 anos para ser aperfeiçoado e um outro tanto mais para se popularizar. A primeira emissora de rádio, que chegou ao Brasil em 1923, e as fábricas de disco norte-americanas, que vieram para cá no começo da década de 1930, procuraram se unir, e essa união se perpetuou por muito tempo. É importante evidenciar que o disco foi fundamental não só para o crescimento do rádio, como, principalmente, para sua popularização. Com o crescimento da frequência modulada, um grande número de emissoras passou a apostar em programações exclusivamente musicais, isto é, um grande painel musical cuja figura do apresentador se resumia a alinhavar a sequência de músicas apresentadas. Cada rádio acabou criando um perfil musical para atender a parcelas específicas da audiência, contribuindo para uma rápida segmentação do mercado. E até hoje a música sustenta as programações de uma ampla parcela de emissoras de rádio.

Nesse gênero, o formato e o conteúdo podem variar, mas sua base é sempre a música. É possível produzir programas que enfoquem o trabalho de um intérprete ou de uma banda, de um estilo musical ou mesmo a cultura de um povo, sob o olhar de sua produção musical. Enfim, pode-se trabalhar com um ou mais apresentadores, com entrevistas ao vivo ou gravadas, com pequenas radiofonizações e tudo o mais que a criatividade permitir.

5. Produção – Formatos

No universo jornalístico podemos destacar vários formatos que compõem essas programações.

A *notícia estrita* ou *nota* é a informação de um fato atual a partir de frases curtas e diretas, cujo conteúdo geralmente responde a perguntas básicas do jornalismo, representadas pelas questões "o quê", "quando", "onde", "como", "quem" e "por quê". Cada frase deve ter, no máximo, duas linhas e responder de uma a duas questões. A duração da nota tem, em média, 40 segundos.

Formato de *notícia estrita*: o texto é redigido a partir da própria notícia (lauda).

NOTÍCIA ESTRITA – TAMBÉM CONHECIDA COMO NOTA
(SEM CITAÇÃO DE VOZ)

Luísa (redatora) 23.02.2012 – Desabrigados no Acre pelas chuvas (retranca) 45" – tempo

• Chuvas e transbordamento de rios deixam cerca de 8 mil famílias desabrigadas no Acre.

• De acordo com o governo do Estado, cerca de 6 mil estão no município de *Brasileia*, onde 95% da área urbana está debaixo d'água.

• Segundo a Coordenadoria de Defesa Civil, Rio Branco tem cerca de 7 mil pessoas em abrigos públicos e outras duas mil em casas de parentes e amigos.

• Um avião e um helicóptero da Força Aérea Brasileira serão deslocados à região para as operações

> de resgate das populações isoladas e também para a distribuição de remédios e alimentos.
>
> • O Governo Federal liberou um milhão de reais para ajudar no socorro às vítimas.

Os *boletins* são programas informativos formados por notas mais enxutas veiculados geralmente em horas cheias e que cobrem os principais fatos ocorridos nesse período. Os *boletins de serviços*, como os de trânsito na cidade, tráfego nas estradas, números do mercado financeiro e previsão do tempo, seguem a mesma estrutura.

A *reportagem* ou *notícia com citação de voz* é um relato da notícia com a inclusão de trechos da fala do entrevistado, o que dá maior profundidade e credibilidade ao fato. As *reportagens especiais* seguem a mesma estrutura, porém são mais longas, com cerca de cinco minutos, o que favorece o aprofundamento do tema. Contam também com ilustrações sonoras como músicas e efeitos. Muitas vezes esse formato é apresentado em séries, ou seja, um único tema é abordado sob vários ângulos e veiculado em capítulos.

Pauta

É importante levar em consideração que, por ser ágil e rápido na transmissão da informação, o rádio deve gerar novos assuntos entre os meios de comunicação. Fazer uma pauta em cima de uma notícia de jornal ou do que a televisão já mostrou contraria a proposta de um radiojornalismo vivo e dinâmico. A quantidade de informações que chega à redação é tão grande que exige análise, seleção e organização de todo o material. Daí a necessidade de fazer uma pauta, para dividir e orientar o trabalho da reportagem, inclusive o da chefia, que passa a saber quem está fazendo o quê.

O ponto de partida do trabalho de reportagem é a *pauta*. Ela prepara o repórter. Faz parte dela um resumo dos acontecimentos ou dados a respeito do assunto, como, por exemplo, números, porcentagens, pesquisas, datas etc. Outra coisa importante é seu encaminhamento, ou seja, qual enfoque se pretende dar sobre o assunto ou notícia. Deve trazer ainda dados sobre as fontes (entrevistados) e, por fim, um roteiro básico de perguntas.

Não esqueça: a pauta serve para aumentar as possibilidades de reportagens, e não para limitá-las. Vale a pena repetir que ela é ponto de partida e que não existe um ponto final.

Modelo de pauta

Tema

O Decreto n. 24.675, de 30 de junho de 2001.

Sinopse

O Decreto n. 24.675, de 30/6/2001, estabelece, entre outras coisas, uma medida que oferece aos alunos e professores de estabelecimentos de ensino oficial, oficializado e reconhecido, um desconto de 50% nas tarifas de ônibus. No entanto, a burocracia e a limitação dos dias, horários e locais de venda do passe escolar causam várias dificuldades para os usuários.

Encaminhamento

O objetivo desta matéria é, portanto, mostrar as condições de venda do passe escolar em Rudge

Ramos, enfocando os problemas que os estudantes têm encontrado para comprá-lo e as modificações que possam vir a ser implantadas.

Para isso será necessário saber quais são os critérios adotados para a venda de passes, as dificuldades que eles criam para os alunos do bairro e se algumas medidas estão sendo tomadas para melhorar esse processo.

Fontes

As pessoas a serem contatadas são as seguintes: Cléa – responsável pelo setor de passe escolar da Secretaria da Educação – de 2ª a 6ª, em horário comercial, no Paço Municipal de São Bernardo; Osias Vaz – diretor da Viação Riacho Grande – de 2ª a 6ª, em horário comercial, na Rua Álvaro Alvim, 866, Vila Pauliceia, São Bernardo; Gilberto Pereira – gerente da empresa Príncipe de Gales – das 8 às 12h e das 14 às 18h, na Rua Lauro Miller, 833, Vila Palmares, Santo André; e alguns estudantes do bairro.

Sugestão de perguntas

— O que é o Decreto?

— Quais as providências que estão sendo tomadas para superar as dificuldades nos postos de venda de passe?

Notícia com citação de voz: relato da notícia com a inclusão de trechos da fala do entrevistado, o que dá maior credibilidade à notícia.

Notícia com citação de voz
(Sonora do entrevistado)

Luísa (redatora) 23.02.2012 – Desabrigados no Acre pelas chuvas (retranca) 45" – tempo

• Chuvas e transbordamento de rios deixam cerca de 8 mil famílias desabrigadas no Acre.

• De acordo com o governo do Estado, cerca de 6 mil estão no município de *Brasileia,* onde 95% da área urbana está debaixo d'água.

• Segundo a Coordenadoria de Defesa Civil, Rio Branco tem cerca de 7 mil pessoas em abrigos públicos e outras duas mil em casas de parentes e amigos.

Técnica* – Nome do arquivo – tempo: 20"

Deixa inicial: "A comunidade está colaborando...".

Deixa final: "... alimentos não perecíveis e fraldas descartáveis".

• Um avião e um helicóptero da Força Aérea Brasileira serão deslocados à região para as operações de resgate das populações isoladas e também para a distribuição de remédios e alimentos.

• O Governo Federal liberou um milhão de reais para ajudar no socorro às vítimas.

---

* Como as matérias estão editadas, basta colocar /coloca-se o nome do arquivo e o tempo de duração com a deixa inicial e a deixa final.

Enquanto a reportagem se traduz num processo de coleta, organização e veiculação do fato produzido pelo repórter, a *entrevista* tem um caráter dialógico, isto é, as informações são veiculadas por meio de perguntas e respostas muitas vezes feitas ao vivo, o que diminui consideravelmente as possibilidades de "ruídos" entre a fonte e o ouvinte.

A entrevista

A reportagem é a base do radiojornalismo, e o repórter é o elo entre os ouvintes de uma emissora e os entrevistados. O que é de interesse do meu ouvinte a respeito do entrevistado? O repórter tem de ter isto em mente ao realizar uma entrevista. A entrevista é, basicamente, uma conversa com perguntas e respostas. As perguntas podem ser, essencialmente, de três tipos:

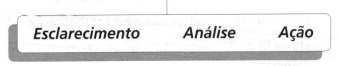

Esclarecimento   Análise   Ação

Termo costumeiro no mundo jornalístico, a entrevista tornou-se um gênero fundamental na apuração e divulgação de informações. O entrevistado é quem dá as instruções e orientações sobre o assunto abordado. Cabe ao entrevistador conduzir as perguntas de modo que o ouvinte possa ficar a par do tema. A entrevista se caracteriza, essencialmente, por ser uma forma espontânea de obter informações, o que justifica a proibição de perguntas previamente fornecidas pelo veículo de comunicação ao entrevistado. O que pode acontecer, nesse caso, é uma discussão antecipada sobre o assunto da entrevista.

Em termos gerais, existem três tipos de entrevista: informativa, interpretativa emocional.

- Entrevista *informativa*: fornece informações ao ouvinte, sem complexidade em sua estrutura.
- Entrevista *interpretativa*: o entrevistador fornece os fatos e o entrevistado comenta ou explica sobre o exposto. Para este tipo de entrevista, o entrevistado tem de estar bem informado e atento ao que está sendo dito e ao que é exigido dele.
- Entrevista *emocional*: consiste em repassar ao ouvinte o estado emocional do entrevistado. Geralmente é utilizada em casos graves e difíceis, como acidentes e outros infortúnios.

Orientações para a realização de uma boa entrevista

Embora o entrevistador seja um mediador, um condutor na entrevista, ele deverá ter claro o seu objetivo. O que quer perguntar? Aonde quer chegar? Quais os principais pontos a serem abordados? E, claro, precisa ter conhecimento sobre o assunto: saber do que realmente se trata, conhecer o entrevistado (nome correto, o que faz etc.). A falta de cuidados básicos compromete a credibilidade do entrevistador, o que provoca instabilidade e falta de interesse no assunto por parte do ouvinte. Levando em conta estes critérios, o entrevistador deverá fazer perguntas orientado pelo *lead*, expresso nas sete expressões já estabelecidas anteriormente.

O quê?	*Onde?*
Quem?	*Como?*
Quando?	*Por quê?*

Novamente, aqui, os aspectos técnicos deverão ser constantemente monitorados. O entrevistador deverá se preocupar com os ruídos, o direcionamento da entrevista, o *timing* (tempo) da entrevista no espaço da emissora etc.

Atribuições	
do entrevistador	do entrevistado
• Domínio de conhecimento;	• Ter conhecimento do tema;
• Linguagem clara, objetiva;	• Para qual público vai estar se dirigindo;
• Controle do tempo;	• Em que data e quanto tempo terá para se preparar;
• Domínio sobre os aspectos técnicos;	• Em qual contexto vai estar inserido (emissora, rede, agência de notícias).
• Poder de mediação.	

6. Diferentes formatos no radiojornalismo

A difusão da informação no rádio pode ocorrer sob diferentes formas, sendo a mensagem estruturada em função da oportunidade, do conteúdo e do tempo empregado na emissão. Podemos classificar a informação em diferentes formatos.

Radiojornal

É o formato que reúne notas, reportagens, prestação de serviços, entrevistas ao vivo e comentários. Geralmente tem longa duração e cobre as notícias das várias editorias ocorridas num espaço de tempo entre um radiojornal e outro. É o tradicional "jornal falado" das emissoras, que tem por função cobrir todos os fatos de um determinado período informativo. Apresenta assuntos de todos os campos de atividade, estruturados em editoriais. Contém informações mais detalhadas dos fatos e, nos casos das emissoras que levam "o palco da ação" ao ouvinte, reportagens, tanto gravadas como ao vivo. Os comentários – interpretativos ou opinativos – também podem estar presentes, assim como os editoriais.

Flash: acontecimento importante que deve ser divulgado imediatamente, em função de sua oportunidade. Não faz parte de nenhum programa específico, podendo participar de todos eles. Nem sempre responde às perguntas fundamentais do jornalismo – que, quem, quando, onde e como. O tempo empregado na emissão é muito curto, apenas o necessário para informar que o fato está ocorrendo, sem outros pormenores.

MODELO DE ROTEIRO DE RADIOJORNALISMO

VINHETA DE ABERTURA (GRAVADO)
ABERTURA DO JORNAL PELOS LOCUTORES
++++++++GIRO DE MANCHETES++++++++
VINHETA DE VIRADA (EFEITO DE PASSAGEM)
PRIMEIRO BLOCO DO JORNAL
VINHETA DE PASSAGEM (JANELA COMERCIAL)
SEGUNDO BLOCO DO JORNAL
VINHETA DE PASSAGEM (JANELA COMERCIAL)
TERCEIRO BLOCO DO JORNAL
ENCERRAMENTO DO JORNAL PELOS LOCUTORES
++++++++FICHA TÉCNICA++++++++
VINHETA DE ENCERRAMENTO (GRAVADO)

Edição extraordinária: também se refere a acontecimentos importantes, cuja divulgação é oportuna, interrompendo qualquer programa. Nesse caso, a notícia já é apresentada com pormenores – se considerarmos a emissão toda –, sendo normalmente mais longa do que o *flash*. De acordo com a importância do fato, a emissora pode interromper toda a sua programação e ficar informando sobre o acontecimento enquanto houver novidades a apresentar.

Tanto o *flash* como a edição extraordinária podem ser emitidos do estúdio ou diretamente do "palco da ação", com texto redigido ou improvisado. Não possuem característica musical própria para a abertura ou encerramento de cada edição, havendo vinhetas-padrão para todas as emissões desse tipo. Em qualquer dos casos, os fatos divulgados podem referir-se a eventos inesperados ou já previstos, mas que devem ser transmitidos no momento de sua ocorrência. A linguagem utilizada é determinativa, aproximando-se das manchetes.

Especial: programa que analisa um determinado assunto, seja por sua grande importância e atualidade, seja por seu interesse histórico. Pressupõe pesquisa aprofundada sobre o tema, tanto no que diz respeito às informações textuais como às sonoras, principalmente as entrevistas. A rigor, sua emissão deveria ser ocasional, diretamente ligada à ocorrência de um fato que mereça, por sua importância, um tratamento especial ou pela comemoração de uma data de importância histórica. Mas o programa especial pode também ser apresentado com periodicidade fixa, escolhendo-se fatos importantes para serem analisados em cada uma de suas edições. A produção de um especial é geralmente mais elaborada que os demais programas informativos apresentados no rádio. Uma variante do especial é o programa, geralmente semanal, que analisa, com maior profundidade, os principais acontecimentos do período informativo.

Boletim: noticiário apresentado com horário e duração determinados, com característica musical de abertura e encerramento, texto elaborado – script – e montagem dos assuntos a serem tratados, que podem abranger tanto o noticiário local como o nacional e internacional. Tem por função manter o ouvinte informado sobre os acontecimentos mais importantes entre uma emissão e outra. Normalmente é apresentado a cada trinta minutos ou de hora em hora. A duração média da emissão – incluindo os intervalos comerciais – é de três a cinco minutos. Não apresenta pormenores dos acontecimentos, limitando-se a informar sobre os fatos.

Comentário: presente em vários formatos dentro do gênero jornalístico, geralmente traz o fato de forma opinativa e analítica feita por um especialista no assunto. De caráter exclusivamente autoral, o comentário, muitas vezes, sucede uma notícia estrita e amplia seu conteúdo.

Crônica radiofônica: formato que transita entre o jornalismo e a literatura. Enquanto o jornalismo preza pela concisão e objetividade, a crônica lança mão de textos mais longos e rebuscados, dispostos cronologicamente para discorrer sobre os fatos e suas relações.

Documentário: tem como característica principal o aprofundamento do assunto tratado; uma espécie de grande reportagem que aborda vários ângulos de um único tema. Pode usar ilustrações sonoras como músicas e efeitos, elementos que também carregam informação. Geralmente é feito através de montagem com material gravado.

Mesa-redonda

É um espaço de discussão sobre determinado assunto, com diversos convidados que têm visões complementares ao tema. Geralmente composta por especialistas, a mesa-redonda informa e esclarece sobre os vários ângulos do tema ou dos temas tratados. Podem acontecer posições antagônicas como é o caso do debate.

Alguns itens fundamentais para a realização de uma mesa-redonda, bem como do debate:

- escolha do tema;
- a produção escolhe os convidados que irão fazer parte da mesa e combina com eles;

- a escolha dos participantes tem de estar em sintonia com o tema proposto;
- a presença do âncora (mediador) para conduzir a mesa-redonda;
- é sempre bom a produção deixar um convidado de reserva, caso ocorra algum imprevisto com um dos participantes da mesa;
- o tema tem de ser conduzido de uma maneira livre e natural, não podendo haver um direcionamento do mediador em relação à mesa.

Debate

É um formato bastante interessante, já que se trata de um precioso espaço de discussão coletiva. O que caracteriza o debate são as posições antagônicas dos debatedores. Do ponto de vista informativo é eficiente, uma vez que convidados, com posições diferentes a respeito do tema tratado, analisam o assunto a partir de sua argumentação. Os debates normalmente são mediados por um apresentador, que deve zelar pelo equilíbrio no tempo de exposição de cada debatedor, bem como colocar estrategicamente questões para que o debate não perca seu rumo.

O mediador

Nos programas de debate como de mesa-redonda, a figura do mediador é fundamental. O ideal é que seja uma pessoa bastante informada, firme, sensível, de raciocínio rápido, imparcial. Deverá estar interessado em quase tudo e precisará ter senso de humor – o que não é fácil!

Além dessas características, é aconselhável que também possua uma boa voz para o rádio e um aguçado senso de *timing*. E devemos levar em conta ainda o controle dos participantes, do tema, bem como o controle técnico: o mediador tem de observar e corrigir alterações no equilíbrio de vozes, antes de começar o programa. Isto pode ocorrer, por exemplo, por causa de um interlocutor que se afasta do microfone, virando-se para se dirigir ao participante do lado, ou que se debruça e chega perto demais. Poderá haver uma grande variação de níveis de vozes, à medida que os participantes ficam irritados, entusiasmados, confusos ou acuados. O mediador também tem de ficar alerta para qualquer barulho externo, tal como o de manuseio de papéis ou de dedos batendo na mesa. Sinais não verbais são suficientes para impedir esse tipo de intromissão.

Radiorrevista – Variedades

Um formato muito comum em todas as rádios do país é a *radiorrevista*. O radialista e pesquisador José Ignácio Lopez Vigil considera a *radiorrevista* um quarto gênero da produção radiofônica, porque todos os gêneros e subgêneros podem ser trabalhados em sua estrutura. Versátil, já que tudo cabe dentro dela, é possível produzi--la a partir do público-alvo, como as populares revistas femininas, ou a partir do próprio conteúdo, como as revistas informativas, esportivas e tantas outras. Porém, seja segmentando o público ou o conteúdo, sua estrutura segue a lógica da miscelânea de assuntos e até mesmo de formatos, sobretudo nas revistas de variedades. Isso significa que dentro de uma radiorrevista pode-se informar, prestar serviço, tocar música, contar histórias e fazer humor.

> ROTEIRO PROGRAMA DE VARIEDADES
> - BG – Fundo musical: trilha do programa (instrumental)
> - Abertura por parte do locutor. Saúda o ouvinte e apresenta o que vai ter no programa
> - Chama música: (identificar ao operador)
> - Quadro do programa: gravado ou ao vivo – entrevista/lazer
> - BG – Fundo musical: trilha do programa (instrumental)
> - O locutor segue com o programa
> - Outro quadro do programa: gravado ou ao vivo – dica de saúde/educação
> - Chama música: (identificar ao operador)
> - Vinheta de passagem: janela comercial
> - BG – Fundo musical: trilha do programa (instrumental)
> - O locutor segue o programa
> - Outro quadro do programa: gravado ou ao vivo humor/serviços
> - Locutor: encaminha o programa para o final
> - Vinheta de encerramento (gravada)

Programa esportivo

Considerado por alguns teóricos como um novo gênero, originalmente se situa no gênero informativo. Neste livro será considerado como parte desse gênero. A tendência em pensar nele como um novo gênero ocorreu basicamente porque o trabalho desenvolvido por locutores e repórteres, principalmente no que diz respeito às coberturas futebolísticas, fugiu completamente do conceito de difusão de informação, instituindo-se como um show com rituais e performances específicos. Na verdade, nos últimos anos, os locutores esportivos têm-se aperfeiçoado no sentido de criar novos estilos de locução, utilizando-se sempre da criatividade e cativando uma legião cada vez maior de ouvintes.

Avalia-se, inclusive, que esse formato radiofônico tenha sido o que mais se desenvolveu nas últimas décadas, com uma rica produção de vinhetas e efeitos especiais durante suas transmissões, aliadas a constantes entrevistas e coberturas ao vivo.

Em termos de programação oferece, ainda, três tipos de formatos:

- cobertura de eventos esportivos;
- noticiários esportivos (que ocorrem em datas e horários predeterminados);
- programas esportivos apresentados antes e depois dos eventos.

Para desenvolver um trabalho eficiente na área de esportes, é necessário que a emissora mantenha uma equipe esportiva, que pode ser dividida por tipo de esporte, sendo fundamental a cobertura permanente dos esportes mais difundidos na região da emissora.

7. Produção – Redação do texto radiofônico

A produção da notícia implica atividades e ações que seguem este percurso: pauta, texto, locução. A notícia deve responder às perguntas (ao *lead*):

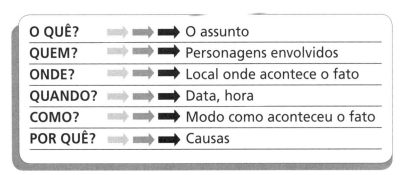

O QUÊ?	➡➡➡	O assunto
QUEM?	➡➡➡	Personagens envolvidos
ONDE?	➡➡➡	Local onde acontece o fato
QUANDO?	➡➡➡	Data, hora
COMO?	➡➡➡	Modo como aconteceu o fato
POR QUÊ?	➡➡➡	Causas

O objetivo da mensagem radiofônica é envolver, chamar a atenção, fazer com que o ouvinte participe emocionalmente da mensagem. O rádio é basicamente emoção, e o único recurso com o qual ele conta é o som. A fala, a palavra, consiste na base informativa que, se bem utilizada, é capaz de cativar o receptor. Por isso, tome nota de algumas dicas de redação do ponto de vista gramatical, linguístico, estilístico e de pontuação.

Estrutura gramatical e linguística[1]

- Deve ser linear, observando um desenvolvimento lógico da ideia.

---

[1] Obs.: uma linha contendo setenta caracteres equivale a 5" de locução.

- Formar frases sempre em ordem direta, isto é, sujeito – verbo – complemento. Evitar colocar material adicional entre o sujeito e o verbo (ligar a ação do verbo ao sujeito); isso fará com que o ouvinte se esforce menos para compreender a mensagem.
- Usar frases curtas e sintéticas. Ir direto ao assunto é um dos princípios básicos do discurso comunicativo.
- Evitar a monotonia intercalando frases simples com outras um pouco mais longas.
- Evitar palavras difíceis e compridas, buscando sinônimos. Para a boa sonoridade do vocabulário, deve-se evitar a aproximação de palavras proparoxítonas, que dificultam a leitura do locutor e impedem a clareza.
- Evitar adjetivos, uma vez que carregam pouca informação. Eles devem ser usados somente quando ajudarem a precisar uma ideia.
- No texto jornalístico, procurar usar o verbo sempre no presente do indicativo. Isso denota instantaneidade e atualidade, características do rádio.
- Preferir o singular ao plural, quando não alterar o significado.
- Não usar os pronomes possessivos dispensáveis e evitar os pronomes demonstrativos.
- Só usar figuras de linguagem que estejam incorporadas ao uso comum. A linguagem oral no rádio deve utilizar vocabulário simples.
- Evitar termos técnicos e científicos, assim como palavras estrangeiras, pois elas dificultam a inteligibilidade, criando no ouvinte uma sensação de inferioridade cultural.
- Evitar rimas, sibilância e repetição de sons parecidos ou iguais.
- Considerar o caráter de atualidade das palavras. Evitar cacófatos ou a repetição de palavras.

- Evitar expressões que se contradizem e que sejam redundantes.
- Usar parênteses em rádio somente em duas situações: ao escrever a pronúncia de uma palavra estrangeira, ou para sinalizar uma frase interrogativa ou exclamativa.
- Não iniciar frase com números. Não usar citações, principalmente entre aspas.

Pontuação

No rádio a pontuação serve para associar a ideia expressada à sua unidade sonora, isto é, ela marca unidades fônicas e não gramaticais, como acontece no texto impresso. Para isso, precisamos basicamente de ponto e vírgula.

A *vírgula* serve para marcar uma pequena pausa; respira-se e introduz-se uma pequena variação na entonação oral. Ela precisa, porém, ser usada na forma gramaticalmente correta, isto é, deve-se respeitar a regra gramatical observando a necessidade de uma respiração correta por parte do locutor. O resultado final exige uma leitura natural com um tom coloquial.

O *ponto* indica o final de uma unidade fônica completa, mais longa que a vírgula. O ponto parcial indica a resolução da entonação que marca o término de uma frase. O ponto final marca o término de um parágrafo.

Usando corretamente estes dois sinais, a leitura será fluente, sem distorções na entonação. Portanto, para redigir bem o texto a ser exposto oralmente observe o seguinte:
- coloque-se no lugar do ouvinte, ele não é leitor;
- pense bem: organize as ideias e esteja seguro;
- seja natural, conciso, simples e correto;
- leia sempre o texto em voz alta para identificar a boa sonoridade e o ritmo.

Edição de matérias

A edição no rádio significa montar uma matéria após selecionar, estabelecer uma hierarquia e emendar trechos da gravação, tornando a matéria limpa. Para se localizar um ponto de edição, é necessário observar a linearidade da ideia, isto é, se o trecho a ser emendado tem uma ordem lógica e se a entonação de voz de todos os trechos a serem mixados apresentam a mesma entonação. Algumas recomendações são fundamentais:

- verifique a qualidade do som da entrevista – o rádio é som;
- avalie o que é essencial para que a matéria seja entendida;
- selecione os melhores trechos da entrevista;
- não edite (corte) demais a matéria, pois ela perderá a naturalidade;
- corte o supérfluo, os erros, vazios – faça uma síntese da matéria;
- cuidado com o ponto de edição (o ponto de corte), para não deixar o depoimento do entrevistado sem conclusão (boca aberta) – respeite a linearidade da ideia;
- cuidado ao emendar trechos para não modificar o sentido (a ideia) que o entrevistado quis dar (neste caso, está em jogo a questão ética da emissora e do profissional).

A produção na *webRádio*

A produção de conteúdo para *webRádios* precisa acompanhar o desenvolvimento tecnológico da internet. A interação com o ouvinte, através de redes sociais e *posts* no seu site, facilita a investigação de preferências. O produtor deve estar atento ao caráter colaborativo da web para manter ou aumentar a audiência.

As ferramentas de customização da programação permitem que o usuário reserve seu tempo para consumir conteúdo da rádio na internet, portanto, a duração do material disponibilizado deve estar de acordo com o público-alvo.

Assim como nas rádios jornalísticas, as reportagens não devem ultrapassar um minuto e meio e os boletins (programetes) não podem durar mais de cinco minutos. A qualidade técnica dos registros sonoros se mantém como primordial para a manutenção da audiência, visto que o ouvinte está envolvido com outras atividades em seu computador ou ligado ao celular.

Por outro lado, o rádio na internet não precisa ficar preso ao que é factual, mas sim pode abrir espaço para dramaturgia, reportagens e programas especiais que segurem o ouvinte por mais tempo, aprofundando assim conteúdos e abordando temas que não têm espaço numa rádio comercial, devido à pressão dos anunciantes e à generalidade da sua abrangência.

Produção de um programa de rádio

Antes de ir ao ar, um programa precisa de trabalho nos bastidores. Exige criação: ser pensado e produzido.

A produção é todo o trabalho que envolve um programa: planejamento, contatos etc. Antes de ir ao ar, em geral, é preciso escolher o tema, fazer contatos, convidar entrevistados, colher e elaborar notícias, escolher as músicas, pedir colaboração. Algumas vezes, quem produz o programa não o apresenta; em outras, o apresentador também faz a produção. O que importa é prever, planejar o que vai acontecer no programa. É fundamental ter um roteiro de como as coisas vão ocorrer.

O roteiro normalmente é feito em três cópias: apresentador, operador de mesa, produtor. E tem a finalidade de sinalizar o que vai acontecer, criar sintonia na equipe, dar tranquilidade e segurança a todos, contando com os imprevistos que podem ocorrer. O rádio requer espontaneidade, mas não podemos confundir com improvisação.

O desafio é conciliar a espontaneidade, a informalidade que o rádio requer, por ser um veículo falado, de transmissão oral, com a preparação dos textos. A linguagem deve ser simples, próxima à linguagem falada. A oralidade, agora midiatizada, é a característica básica do rádio.

Planejamento
- Público-alvo
- Objetivos – proposta
- Manutenção do programa (patrocínio, doações etc.)
- Tipo de programa, formato, tempo, vinhetas
- Pauta – temas a tratar
- Produção (roteiro, músicas, convidados, sorteios etc.)
- Apresentador
- Sonoplastia (de acordo com os momentos)
- Programações especiais
- Avaliação

Apresentação
Apresentar um programa de rádio é uma arte e requer certo carisma. Os locutores de rádio, normalmente, se preparam, trabalham a voz através de cursos para melhorar a dicção, o timbre, a ressonância e fazem uma avaliação da fala. Conhecer a própria voz, para saber seus aspectos fortes e onde é preciso investir mais é fundamental. Além disso, outro aspecto importante é a *vibração*, saber estabelecer contato, laços com o ouvinte, com um tom de voz agradável.

A vibração faz colocar a voz "para cima", falar com alegria, entusiasmo.

É bom lembrar que o único recurso que temos no rádio é o som: voz, música, sonoplastia. O ouvinte vê, ouve e sente o apresentador pela sua voz e pelo modo como diz as coisas. Colocar *emoção* na voz é muito bom, mas deve-se falar naturalmente. A capacidade de viver intensamente o momento presente é um grande trunfo para a comunicação com o ouvinte. Ajuda a estabelecer *empatia*, conhecer seus gostos, acolher o que ele diz e sugere.

Um aspecto prático, na apresentação de um programa, é acentuar as palavras mais importantes, as sílabas fortes ou o que se quer destacar. Isso ajuda quem fala e quem ouve a se sentir melhor. Grifar as palavras mais importantes.

Nada pior que uma leitura monótona e cansativa ou uma fala sem vida, sem expressão! Rádio é fala, é conversa coloquial. Por isso, atenção aos próprios sentimentos e ao estado de ânimo, quando apresentar um programa.

Interação com o ouvinte
É importantíssima a participação do ouvinte no programa. Pode ser ao vivo, pela internet, por carta ou deixando o recado com a telefonista. O ouvinte quer falar no rádio, quer dizer o que sente e o que pensa. Deve-se prever essa participação e acolhê-la. O rádio é companheiro, por isso, é importante cuidar do aspecto da interação.

É preciso lembrar sempre que rádio é *audição*, por isso, a concentração é parcial, descontínua e passageira. A audição é simultânea a outras atividades. Este é um motivo a mais para que a linguagem seja fácil, objetiva, inclusiva e agradável aos ouvidos. O tratamento tem que ser o mais próximo possível: "você que está em casa, no trânsito...". O ouvinte não vê o locutor e o locutor não vê o ouvinte.

8. Vocabulário de rádio

O universo do rádio nos põe em contato com uma infinidade de termos técnicos e específicos. Seguem aqui algumas expressões comumente utilizadas no cotidiano da atividade profissional.

ABERT: Associação Brasileira de Emissoras de Rádio e Televisão; entidade que congrega as emissoras de rádio e televisão.

Abertura de matéria: início de matéria, geralmente feito com o lide, o local e o nome do(s) entrevistado(s).

Acústica: estudo do som, sua natureza e característica. Em rádio, é a medida da qualidade sonora de um ambiente.

Agência de notícias: empresa que fornece informações aos veículos de comunicação. Quando o fato é importante, é preciso destacar, na notícia, o nome da agência.

Alcance: distância, em cada direção, em que o sinal da emissora é captado por radiorreceptores domésticos com boa qualidade de reprodução.

Amplitude modulada (AM): corresponde ao processo de modulação em que o sinal modulador – da informação – altera o nível ou "amplitude" do sinal "modulado" – portador de radiofrequência –, que se propaga entre o transmissor e um determinado receptor.

BG (*background*): música, vozes ou ruído em fundo que servem de suporte para a fala. O mesmo que BG (bege). O BG precisa ser característico, para não ser confundido com falha técnica, e não pode, de maneira alguma, prejudicar o som da fala.

Bip: efeito sonoro usado em rádio, que indica tempo correndo. Um bip equivale a um segundo; sinal gravado não audível na pista de controle do cartucho que indica início da gravação.

Bloco: conjunto de notícias, músicas e demais informações situado entre dois intervalos comerciais, nas emissoras mantidas pela propaganda, ou institucionais, nas emissoras públicas.

Brainstorming: técnica de criação que consiste em reunir pessoas de diferentes especialidades para extrair ideias sobre campanha, slogan etc. A imaginação dos participantes tem livre curso e nenhuma crítica às ideias pode ser feita. Literalmente, em inglês, significa "tempestade de ideias".

Break: expressão inglesa usada em algumas emissoras para designar o intervalo comercial.

Briefing: resumo de instruções transmitidas pela chefia aos responsáveis por um trabalho. *Briefings* são feitos pela manhã e a todo momento em que forem necessários, em reuniões de pauta, sendo transmitidos imediatamente aos profissionais.

Broadcast: palavra que caiu em desuso. Designava a equipe de uma emissora ou de um programa de rádio. O mesmo que "elenco".

Broadside: impresso utilizado no lançamento de um produto, esclarecimento de uma campanha pública ou promoção de vendas.

Chamada: flash gravado sobre matéria ou programa, transmitido várias vezes durante a programação, para despertar o interesse do ouvinte.

Cheking: profissional que controla os horários dos comerciais.

Check-list: trabalho de verificação dos pontos básicos de uma cobertura.

Clipping: conjunto de recortes de jornais e revistas sobre determinado assunto.

Decupagem: processo de registro da ordem e da duração das diversas sequências de uma reportagem gravada, com anotação de frases capazes de identificá-las posteriormente, para fins de edição.

Deixa: palavras finais da matéria que indicam ao locutor e ao operador de som o momento em que outro trecho da informação deve ir ao ar. Designa também o ponto da edição.

Equalização: processo adotado em gravação, reprodução e transmissão, em que as alterações, em resposta de frequência, são corrigidas. Gravadores, microfones e toca-discos obrigatoriamente dispõem deste recurso para a correção dos graves e agudos.

Faixa de frequência: o mesmo que "banda de frequência". Sistemática de distribuição de frequências para os diversos serviços de telecomunicações.

Feedback: usa-se a expressão *feedback* quando se marca uma entrevista ou recebe-se sugestão sobre a pauta. Nessas ocasiões é preciso dar ou receber um *feedback*. O mesmo que retorno.

Flash: rápidas informações sobre um fato, dado pelo repórter.

Flashback: transmissão de música que foi sucesso no passado.

FM: frequência modulada – sistema de transmissão em que a onda portadora, na faixa de 88 a 108 MHz, é modulada em frequência, ou seja, a moduladora, que é a informação na faixa de audiofrequência, altera a frequência central da emissora em função de sua intensidade e frequência.

Frequência: número de oscilações ou vibrações de um movimento periódico numa determinada unidade de tempo. É o número de vibrações por segundo, de uma onda ou corrente alternada, medido em hertz (1 Hz = 1 ciclo por segundo), quilo--hertz (1 kHz = 1.000 Hz), mega-hertz (1 MHz = 1.000.000 Hz) e giga-hertz (1GHz = 1.000.000.000 Hz).

Fundo: o mesmo que *background* ou BG. São as músicas, ruídos ou sons de determinados ambientes que servem de suporte para a fala. Sons de fundo.

Hi-fi: abreviatura de *high fidelity*, isto é, alta fidelidade.

Jingle: mensagem publicitária em forma de música, simples e atraente, e de fácil memorização.

Lauda: folha padronizada em que é redigido o texto do programa, com as marcações para a técnica.

Podcast: arquivo de áudio ou vídeo disponibilizado em sites na internet para audição ou download. Sua atualização é feita através de programas agregadores de *feeds RSS* (fontes de conteúdo) e depende de assinatura do serviço pelo usuário.

Programas agregadores: são aplicativos ou serviços nos portais que possibilitam ao usuário a atualização do conteúdo de vários sites via RSS, sem que se necessite acessá-los. O usuário recebe a atualização do conteúdo assim que se conecta à internet.

Retranca: o assunto a que a lauda se refere, em relação à classificação da notícia.

RSS: a sigla RSS tem mais de um significado. Alguns a chamam de *RDF Site Summary*, outros a denominam *Really Simple Syndication*. Há ainda os que a definem como *Rich Site Summary*. RSS é um recurso desenvolvido em XML (tipo de linguagem de programação para a construção de sites), que permite aos responsáveis por sites e blogs divulgarem notícias ou novidades destes. Para isso, o link e o resumo daquela notícia (ou a notícia na íntegra) são armazenados em um arquivo de extensão .xml, .rss ou .rdf (é possível que existam outras extensões). Esse arquivo é conhecido como *feed* ou *feed RSS*.

Rubrica: são as recomendações ao locutor para uma entonação especial, pronúncia de uma palavra estrangeira ou difícil.

Script: roteiro para gravação ou veiculação de um radiojornal.

UP: abreviação de utilidade pública.

Vinheta: mensagem transmitida no intervalo de programas, composta de um pequeno texto, música e efeitos sonoros, e que possui conteúdo variado; chamada para uma matéria ou programa, campanha institucional, comemorações; chamada de curta duração, usada para destacar o intervalo e o reinício.

Referências bibliográficas

ALER-BRASIL, IBASE, FASE, SEPAC/EP. *Manuais de Comunicação.* São Paulo:Paulinas, 1987.

BARBOSA FILHO, André. *Gêneros radiofônicos*; os formatos e os programas em áudio. São Paulo: Paulinas, 2003.

CÉSAR, Cyro. *Como falar no rádio*; prática de locução AM/ FM. Dicas e toques. São Paulo: IBRASA, 1989.

CHANTLER, Paul; SIM, Harris. *Radiojornalismo.* São Paulo: Summus, 1998.

CORAZZA, Helena. *Comunicação e relações de gênero em práticas radiofônicas.* São Paulo: Paulinas, 2000.

CRAWFORD, Dong. *ABC da gravação.* São Paulo: Summus Editorial, 1974.

FALCIANO, Flávio. *A influência da notícia internacional na rádio CBN.* (Dissertação de Mestrado). São Bernardo do Campo: UMESP, 1999.

KAPLUN, Mário. *Producción de programas de radio – el guión – la realización.* CIESPAL: Colección Intiyan, 1978.

MAGNONI, Antônio Francisco; CARVALHO, Juliano Maurício de (org.). *O novo rádio*; cenários da radiodifusão na era digital. São Paulo: Editora Senac, 2010.

MCLEISH, Robert. *Produção de rádio*; um guia abrangente de produção radiofônica. São Paulo: Summus Editorial, 2001.

MEDITSCH, E. *O radiojornalismo na era da informação*; teorias do novo radiojornalismo. Florianópolis: Insular, 2007.

MORAIS, Rogério. *Seis décadas de técnicas e criatividade do rádio brasileiro (antes e depois da TV).* Fortaleza: Sincor, 1996.

ORTRIWANO, Gisela Swetlana. *A informação no rádio*; os grupos de poder e a determinação dos conteúdos. São Paulo: Summus Editorial, 1985.

PORCHAT, Maria Elisa. *Manual de radiojornalismo Jovem Pan.* São Paulo: Ática, 1993.

PRADO, Emílio. *A estrutura da informação radiofônica.* São Paulo: Summus Editorial, 1978.

PRATA, Nair. *Webradio:* Novos gêneros, novas formas de interação. Florianópolis: Insular, 2009.

QUINTEIRO, Eudósia Acuña. *Estética da voz.* São Paulo: Summus Editorial, 1989.

SAMPAIO, Walter. *Jornalismo audiovisual*; teoria e prática do jornalismo no rádio, TV e cinema. Petrópolis: Vozes, 1971.

SPERBER, George Bernard. *Introdução à peça radiofônica.* São Paulo: Pedagógica e Universitária, 1980.

VIGIL, José Ignacio López. *Manual urgente para radialistas apaixonados.* São Paulo: Paulinas, 2003.

Site de consulta

www.mc.gov.br – Ministério das Comunicações.

Impresso na gráfica da
Pia Sociedade Filhas de São Paulo
Via Raposo Tavares, km 19,145
05577-300 - São Paulo, SP - Brasil - 2012